公認アスレティックトレーナー専門科目テキスト ＋ワークブック

運動器の解剖とスポーツ外傷・障害の基礎知識

文光堂

編集・執筆者一覧

編　集
福林　徹　　（早稲田大学）

執　筆　（掲載順）
鹿倉　二郎　　（順天堂大学）
金岡　恒治　　（早稲田大学）
山崎　哲也　　（横浜南共済病院）
奥脇　透　　　（国立スポーツ科学センター）
谷　　諭　　　（東京慈恵会医科大学）
鳥居　俊　　　（早稲田大学）

日本スポーツ協会のスポーツ指導者資格の詳細については，日本スポーツ協会ホームページをご参照ください．
https://www.japan-sports.or.jp/coach/tabid63.html

発行に寄せて

　このワークブックは、公益財団法人日本スポーツ協会公認アスレティックトレーナーの資格取得を目指す皆さんが、アスレティックトレーナーとして備えるべき知識を習得するための教材として、自宅学習の充実を図るために作成したものです。

　アスレティックトレーナーとして必要とされる知識や技能は広い分野に及ぶため、限られた講習時間ですべてを身につけることは困難であり、自宅学習が必要不可欠です。

　そこで、このワークブックではテキストをもとにして各自でその内容について理解を深められるよう、テスト形式で構成していますので、テキストと併せて繰り返し学習することができます。ぜひ有効にご活用ください。

　競技者のパフォーマンスを高めるためのサポーターとして、主に競技特性に応じた技術面を担当するコーチ、そして医療を担当するスポーツドクターとともに、コンディショニングの専門家としてのアスレティックトレーナーに対する期待はますます高まってきています。

　そしてアスレティックトレーナーには、競技者を中心にコーチ、スポーツドクターや他のスタッフとの調整役も求められ、コミュニケーションスキルも必要となります。この意味で知識、技能を習得することはもとより、さまざまな役割を担う多くの関係者から信頼されるようヒューマニティを磨く努力を怠らないでください。自身と誇りを持って使命を全うするアスレティックトレーナーが多数誕生し、活躍してくれることを期待しております。

　　　　　　　　　　　　　　　　　公益財団法人日本スポーツ協会　指導者育成専門委員会
　　　　　　　　　　　　　　　　　　　　　アスレティックトレーナー部会長　河野一郎

　このワークブックは、専門科目テキスト第1巻の「アスレティックトレーナーの役割」と第9巻の「スポーツと栄養」を除いて、基本的にテキストに対応した形で分冊になっています。ただし、第2巻の「運動器の解剖と機能」と第3巻の「スポーツ外傷・障害の基礎知識」は併せて1分冊に、またテキストのない「スポーツ科学」についてはワークブックを作成し、自宅学習を補助するための原稿を新たに書き起こして掲載しています。

序　文

　このワークブックはアスレティックトレーナーテキスト第2巻『運動器の機能と解剖』，第3巻『スポーツ外傷・障害の基礎知識』をまとめ学習用として作成したものです．

　内容は「A．総論―運動器の解剖と機能」「B．体幹の基礎解剖とスポーツ外傷・障害」「C．上肢の基礎解剖とスポーツ外傷・障害」「D．下肢の基礎解剖とスポーツ外傷・障害」「E．重篤な外傷」「F．その他の外傷」「G．年齢・性別による特徴」「H．スポーツ整形外科的メディカルチェック」の8項目からなっています．

　各項目での質問事項は「運動器の解剖」と「スポーツ外傷・障害」の基礎であり，日本スポーツ協会公認のアスレティックトレーナーになるために必要・不可欠な知識です．日本スポーツ協会のアスレティックトレーナー養成講習会では「運動器の機能解剖とスポーツ外傷・障害の講義」は集合講習として約1週間をかけてなされますが，受講生においては講習の前後に本ワークブックをその予習・復習のためにご使用いただくことをお勧めします．また各アスレティックトレーナー養成校においては，各部位の機能解剖やスポーツ外傷・障害の講義終了前後で本ワークブックをもとに受講生に知識の整理をしていただければ幸いです．

　日本スポーツ協会アスレティックトレーナー養成委員会では質の高い日本スポーツ協会公認のアスレティックトレーナーの養成を目指しており，本ワークブックは既刊の専門科目テキストとともに，アスレティックトレーナーを目指す皆さんのお役に立てるものと確信しています．

　　　　　　　　　　　　　　　　　　　　　　　　　　　　　　　　　　　　　福林　徹

目 次

A. 総 論
1. 運動器の解剖と機能概論 ……………………………………………… 2

B. 体 幹
1. 体幹の基礎解剖と運動 ………………………………………………… 10
2. 体幹のスポーツ外傷・障害 …………………………………………… 13

C. 上 肢
1. 上肢の基礎解剖と運動 ………………………………………………… 20
2. 上肢のスポーツ外傷・障害 …………………………………………… 23

D. 下 肢
1. 下肢の基礎解剖と運動 ………………………………………………… 30
2. 下肢のスポーツ外傷・障害 …………………………………………… 36

E. 重篤な外傷
1. 頭蓋骨骨折 ……………………………………………………………… 48
2. 脳損傷 …………………………………………………………………… 49
3. 脳振とう ………………………………………………………………… 50
4. 脊髄損傷 ………………………………………………………………… 51
5. 胸腹部外傷 ……………………………………………………………… 52
6. 大出血 …………………………………………………………………… 52

F. その他の外傷

1. 顔　面 ……………………………………………………………… 56
2. 目 …………………………………………………………………… 56
3. 鼻 …………………………………………………………………… 57
4. 耳 …………………………………………………………………… 57
5. 歯 …………………………………………………………………… 58

G. 年齢・性別による特徴

1. 女性に特徴的なスポーツ外傷・障害 ………………………………… 60
2. 成長期に特徴的なスポーツ外傷・障害 ……………………………… 61
3. 高齢者に特徴的なスポーツ外傷・障害 ……………………………… 63

H. スポーツ整形外科的メディカルチェック ……………………………… 66

解答編 ……………………………………………………………………… 70

・各設問末尾のページ番号は，設問に関する記述が掲載されている日本スポーツ協会公認アスレティックトレーナー専門科目テキストの該当ページ（本書の場合は，❷は「2巻 運動器の解剖と機能」の該当ページ，❸は「3巻 スポーツ外傷・障害の基礎知識」の該当ページ）を示します．
・問題の形式は，穴埋め（STEP 1），論述（STEP 2），実技（STEP 3），フローチャート（STEP 4）の4形式を設けており，知識の整理や，理解の促進に活用できる構成と内容になっています．

A 総論

1 運動器の解剖と機能概論

STEP 1

問1　骨の構造について，以下の＿＿＿に適切な語句を入れてみましょう．▶❷ p.8-11

1. 成人では約＿＿＿個の骨が存在している．これらの骨の中にはさまざまな形状が見られるが，長（管）骨，＿＿＿，＿＿＿の3種類に大別される．

2. 長骨では通常＿＿＿が太く＿＿＿が細くなっており，前者は＿＿＿，後者は＿＿＿と呼ばれる．＿＿＿は隣接する骨と向かいあって関節を形成するが，その表面（関節面）は＿＿＿によって覆われている．

3. ＿＿＿に覆われていない皮質骨表面には，＿＿＿（＿＿＿）が存在する．＿＿＿は線維性の皮膜であり，その内側には骨形成能を有する細胞層があるため，骨の＿＿＿方向への成長，＿＿＿の修復に重要な役割を果たしている．

4. 骨は成人においては，その形態はほとんど変化しないものの，常に作り替えが繰り返され（＿＿＿），約＿＿＿年で全体が更新されるような活発な代謝を行っている．この骨代謝を担う細胞は，新たな骨形成を行う＿＿＿と既存の骨を吸収する＿＿＿である．

5. 骨は，＿＿＿を経てから骨が形成される軟骨性骨化と，骨が直接形成される＿＿＿の2つの過程で作られる．

問2　関節の構造について，図の①〜④にそれぞれ適切な語句を入れてみましょう．▶❷ p.11

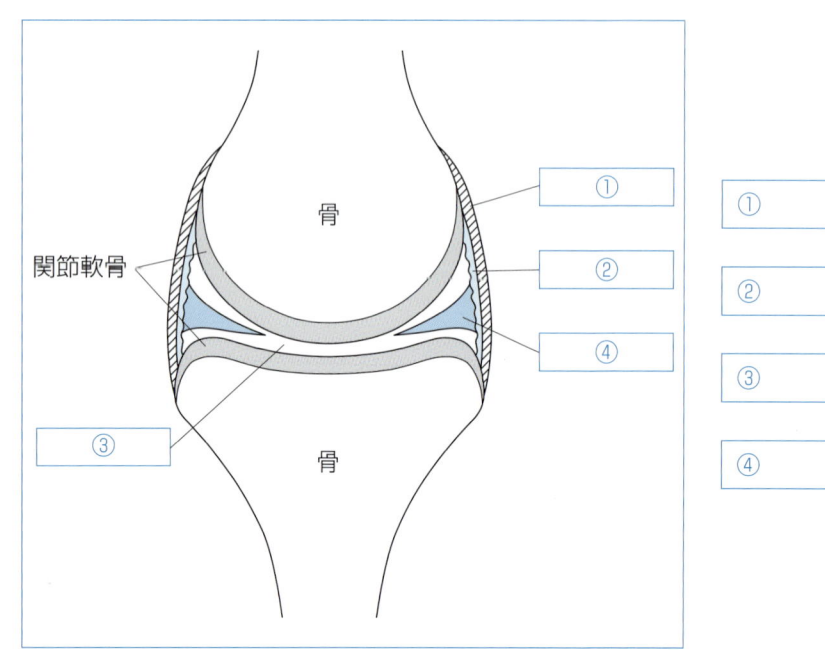

①＿＿＿

②＿＿＿

③＿＿＿

④＿＿＿

問3 関節の種類について、図の①〜⑩に適切な語句を入れてみましょう. ▶❷ p.12-13

```
関節 ─┬─ 関節癒合
      └─ ① ─┬─ 線維性関節 ……  ④ , ⑤ , 釘植, など
             ├─ ② ……  軟骨結合, ⑥ , など
             └─ ③ ……  平面関節, ⑦ , ⑧
                        顆状関節, ⑨ , ⑩ , など
```

① _____　② _____　③ _____

④ _____　⑤ _____　⑥ _____

⑦ _____　⑧ _____　⑨ _____

⑩ _____

問4 関節軟骨について、以下の ____ に適切な語句を入れてみましょう. ▶❷ p.11-13

1. 関節の表面に存在する関節軟骨は、____〜____mm 程度の厚さを有する_____よりできている_____のない組織である．この組織は_____よりも柔らかく圧力が加わると_____し、荷重を_____する役割を果たす．

2. 関節軟骨の約 70％は_____であり、残りの 30％の有機質は_____、_____などで占められている．

3. 関節の辺縁部には線維軟骨よりできた_____（肩、股関節）や_____（膝関節）が存在する．これらは関節面の_____をよくし、圧力を_____させる働きを持つ．

問5　骨格筋の構造について，図の①〜⑤にそれぞれ適切な語句を入れてみましょう． ▶❷ p.16

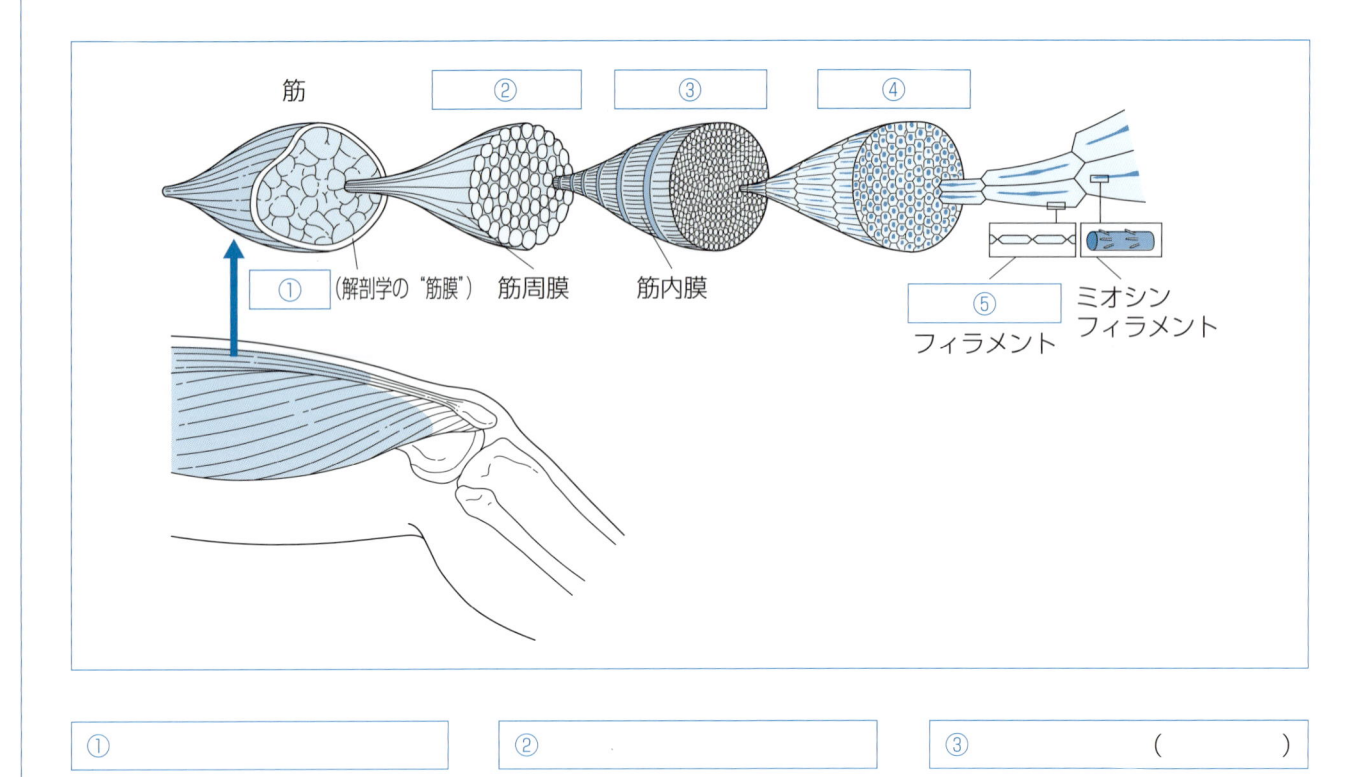

筋　　②　　③　　④

①（解剖学の"筋膜"）　筋周膜　筋内膜　⑤フィラメント　ミオシンフィラメント

①		②		③	（　　　）
④		⑤			

問6　骨格筋線維の特性について，表の①〜⑰に適切な語句を入れてみましょう． ▶❷ p.17

	Type Ⅰ 酸化型	①	Type Ⅱb 解糖型
疲労に対する抵抗	②	中間	低い
収縮速度	遅い	③	④
ATPase 活性	⑤	高い	⑥
筋小胞体	少ない	⑦	多い
ミトコンドリア	⑧	多い	⑨
グリコーゲン	少ない	⑩	⑪
中性脂肪	⑫	⑬	低い
毛細血管の数	⑭	⑮	少ない
筋線維直径	小	⑯	⑰

①	
②	③
④	⑤
⑥	⑦
⑧	⑨
⑩	⑪
⑫	⑬
⑭	⑮
⑯	⑰

4　A．総論

問7 筋の形状について，①〜⑤に適切な語句を入れてみましょう． ▶❷ p.19

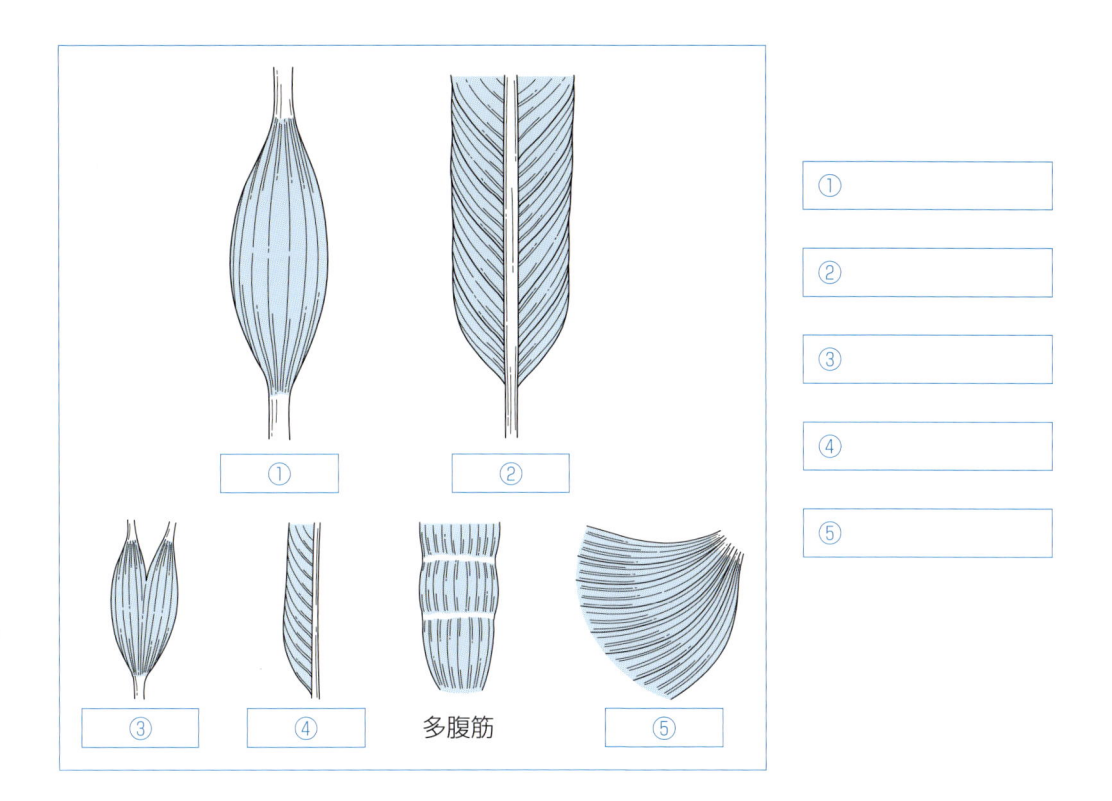

①
②
③
④
⑤

多腹筋

問8 骨格筋運動の調節制御について，図の①〜⑥にそれぞれ適切な語句を入れてみましょう． ▶❷ p.21

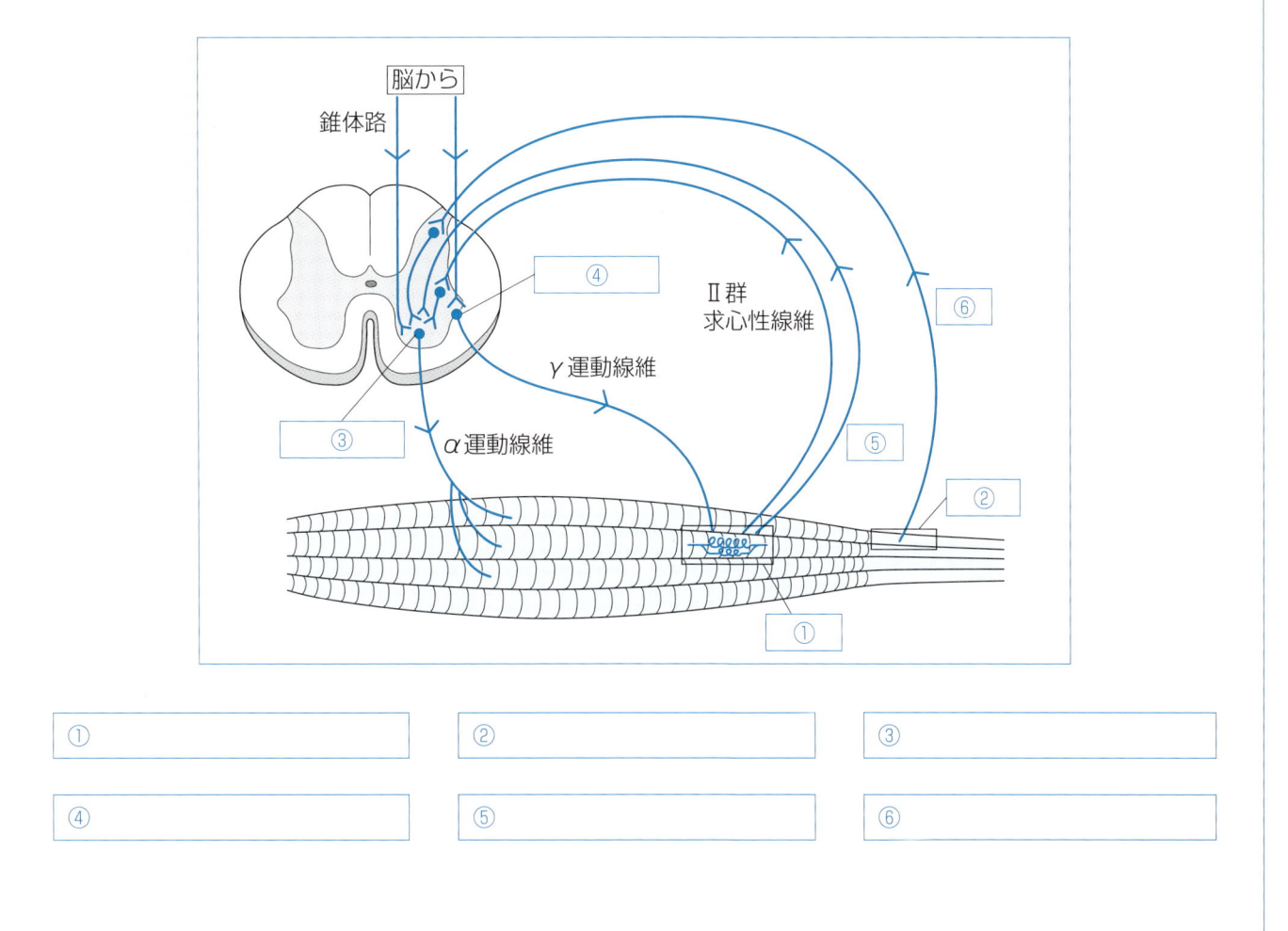

脳から
錐体路
Ⅱ群求心性線維
γ運動線維
α運動線維

①
②
③
④
⑤
⑥

問 9 反射運動について，以下の＿＿＿＿に適切な語句を入れてみましょう．▶❷ p.23-24

1. 反射運動が起こるためには，特定の刺激が受容され，＿＿＿＿＿＿＿＿＿＿による制御のもと＿＿＿＿＿＿＿＿＿＿＿＿＿＿＿＿を導く経路が構成される．この経路を一般に＿＿＿＿＿＿＿＿と呼ぶ．

2. 反射には，局在性反射と＿＿＿＿＿＿＿＿反射がある．局在性反射にはさらに，＿＿＿＿＿＿反射と＿＿＿＿＿＿反射がある．

3. 身体運動時の身体平衡や身体位置の平衡など直立姿勢の維持にかかわる反応を＿＿＿＿＿＿＿＿＿＿＿＿反射という．

問 10 随意運動にかかわる脳内機構について，図の①〜⑧欄にそれぞれ適切な語句を入れてみましょう．▶❷ p.23-24

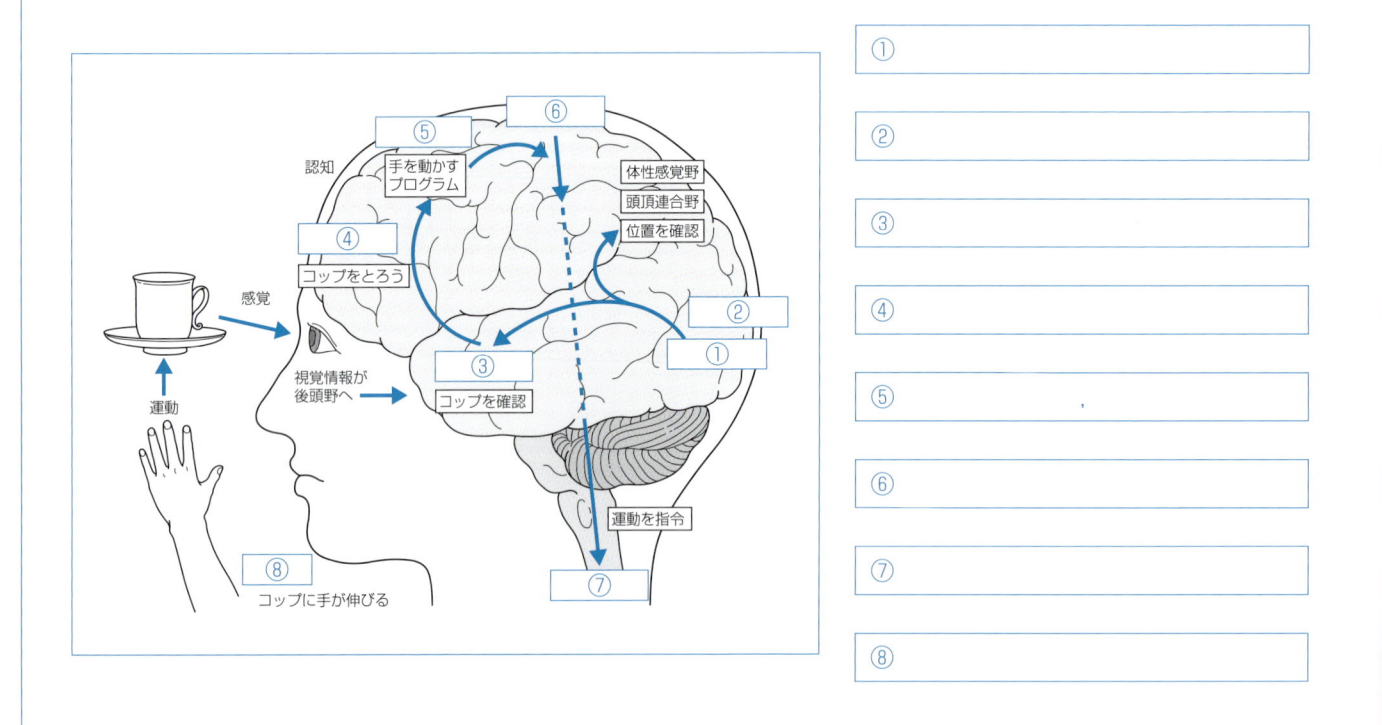

①
②
③
④
⑤
⑥
⑦
⑧

STEP 2

問 1 運動の基本面，基本軸，そして関節運動について整理してみましょう．▶❷ p.5-6

基本面	基本軸	関節運動
① 面	② 軸	③ , ④
⑤ 面	⑥ 軸	⑦ , ⑧
⑨ 面	⑩ 軸	⑪ , ⑫

問 2　骨の役割・機能についてあげてみましょう．▶❷ p.8

-
-
-
-
-

問 3　靱帯の構造と機能について，説明してみましょう．▶❷ p.14-15

-
-
-
-

問 4　α運動ニューロンからの信号が，神経筋接合部を介して筋線維でフィラメントを滑走させるまでのメカニズムを説明してみましょう．▶❷ p.16

問 5　関節運動時の4つの筋の名称と働きについて，それぞれ簡潔にまとめてみましょう．▶❷ p.20

①	:	②
共同筋	:	③
④	:	ある関節運動を引き起こすとき，等尺性収縮によって関節を固定して支持性を与える筋
⑤	:	⑥

B 体幹

1 体幹の基礎解剖と運動

STEP 1

問 1 脊柱の運動について，以下の_____に適切な語句を入れてみましょう． ▶❸ p.27

1. 脊柱は頚椎で_____個，胸椎で_____個，腰椎で_____個の脊椎骨が連なり構成されている．

2. 脊柱は，頭部・体幹を支える_____機能，屈伸，側屈，回旋する_____機能，_____を保護する機能を持つ．

問 2 脊柱の弯曲と運動について，以下の_____に適切な語句を入れてみましょう． ▶❷ p.29-30

1. 脊柱を横から見ると頚椎では_____，胸椎では_____，腰椎では_____を呈している．

2. 脊柱の運動のうち，屈曲-伸展運動は，主に頚椎と_____において行われ，回旋運動は頚椎と_____において行われていて，_____はほとんど回旋挙動を有さない．

問 3 下の図の①，②に適切な語句を入れてみましょう． ▶❷ p.28

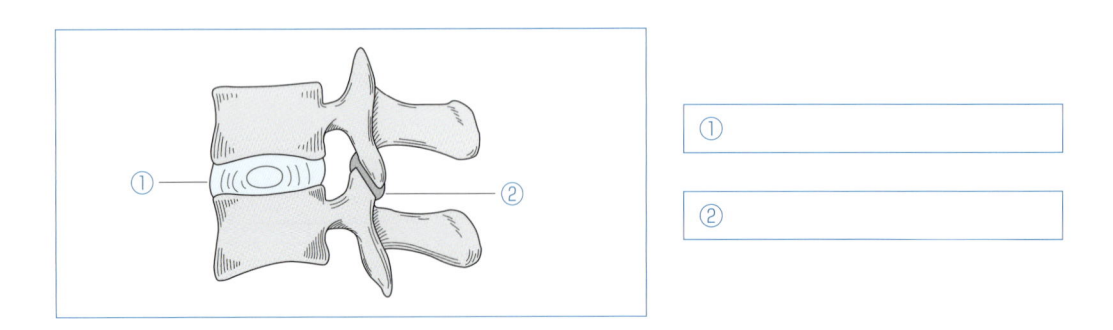

①
②

問 4 脊椎をつなぐ靱帯と椎間板の図の①〜③に適切な語句を入れてみましょう． ▶❷ p.28

棘間靱帯
前縦靱帯 棘上靱帯

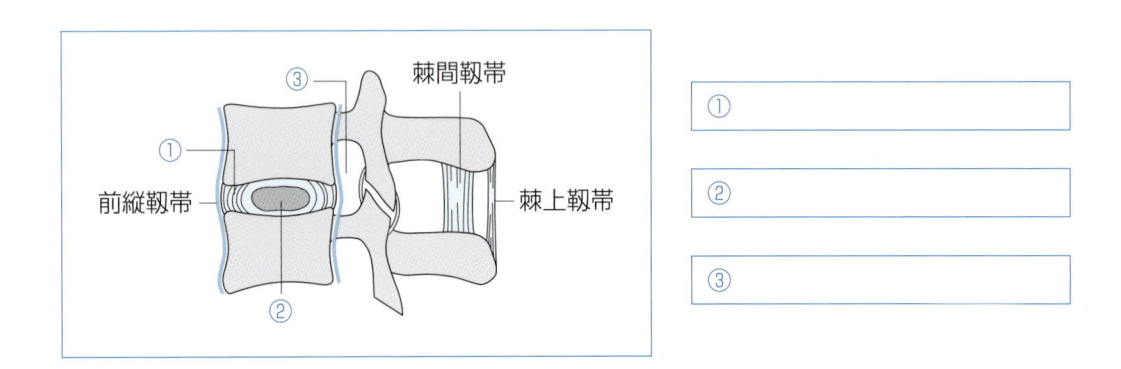

①
②
③

問 5
脊柱管狭窄症について，以下の _____ に適切な語句を入れてみましょう． ▶❷ p.28

1. 椎間板が変性し、脊柱支持機能の低下によって椎体周囲の荷重負荷が増すと椎体辺縁に _____ が形成される．また _____ に骨棘が形成され関節が肥大する．

2. これらの変化によって椎間孔や脊柱孔が狭くなり _____ となる．

問 6
椎間板ヘルニアと変形性脊椎症について，以下の _____ に適切な語句を入れてみましょう． ▶❷ p.28

1. 椎間板内の髄核の _____ が減少した状態を椎間板変性という．

2. 椎間板変性に伴い髄核が脊柱管内に突出したものを _____ と呼ぶ．

3. 椎間板変性によって椎間板高が減少すると _____ への荷重負荷も増加して関節の障害を起こしやすくなる．

問 7
脊椎アライメントと仙骨傾斜角について，図を参考に以下の _____ に適切な語句を入れてみましょう． ▶❷ p.29

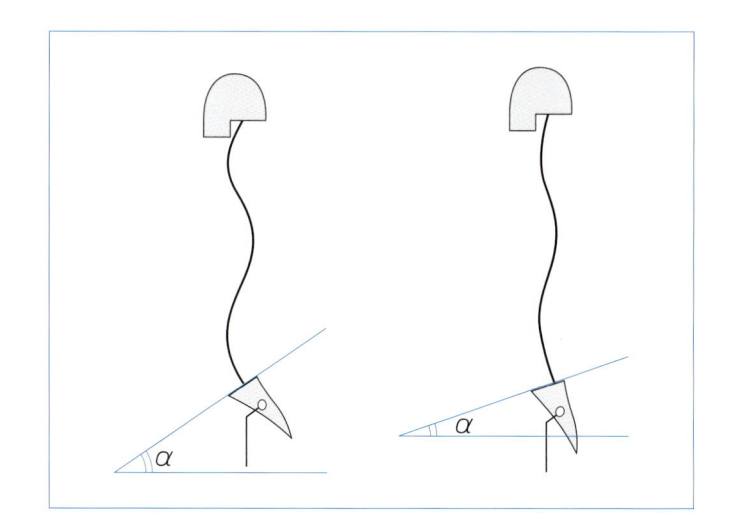

1. 左図の角度αは，仙骨上縁が水平面となす角度で _____ と呼ばれる．

2. 骨盤が _____ するとαが大きくなり，腰椎の前弯は _____ する．

3. 骨盤が _____ するとαが小さくなり前弯は _____ する．

| 問 8 | 腰椎の構成要素について，以下の図の①～⑦に適切な語句を入れてみましょう． ▶❷ p.46 |

a．下面

b．側面

c．後面

| ① | ② | ③ |
| ④ | ⑤ | ⑥ |
| ⑦ |

STEP 2

| 問 1 | 脊柱の運動について，上位頚椎，下位頚椎，胸椎，胸腰移行部，腰椎の各可動域を，それぞれの持つ解剖学的特徴と関連づけて説明してみましょう． ▶❸ p.32-54 |

上位頚椎

下位頚椎

胸椎

胸腰移行部

B．体　幹

腰椎

STEP 3

問1 立位をとり，骨盤を前傾，後傾の自動運動を行い，骨盤の前後傾による腰椎アライメントの変化を体感してみましょう． ▶❷ p.45-50

2 体幹のスポーツ外傷・障害

STEP 1

問1 バーナー症候群について，以下の＿＿＿＿＿に適切な語句を入れてみましょう． ▶❸ p.9

1. コンタクトスポーツで頭部や肩に強い衝撃を受けて上肢に放散痛が生じたもので，ストレッチ損傷，＿＿＿＿＿＿＿＿圧迫損傷，腕神経叢の直接圧迫，＿＿＿＿＿＿＿＿＿＿＿による脊髄の障害，の4つの機序が考えられる．

2. このような症状を繰り返す場合には＿＿＿＿＿＿＿＿＿＿＿を有することを疑い，医療機関を受診させる．

問2 頚椎椎間板ヘルニアについて，以下の＿＿＿＿＿に適切な語句を入れてみましょう． ▶❸ p.10

1. 頚椎椎間板が変性し＿＿＿＿＿が＿＿＿＿＿＿＿を穿破して脊柱管内に突出した状態を椎間板ヘルニアと呼ぶ．

2. ヘルニアが＿＿＿＿＿＿＿を圧迫することによって片側上肢への放散痛や麻痺症状を呈する．

3. ヘルニアが＿＿＿＿＿＿＿を圧迫することによって＿＿＿＿＿＿障害が発生し，上下肢の広い範囲の症状が出現する．

問3 椎間板ヘルニアについて，①～⑤に適切な語句を入れてみましょう． ▶❸ p.11

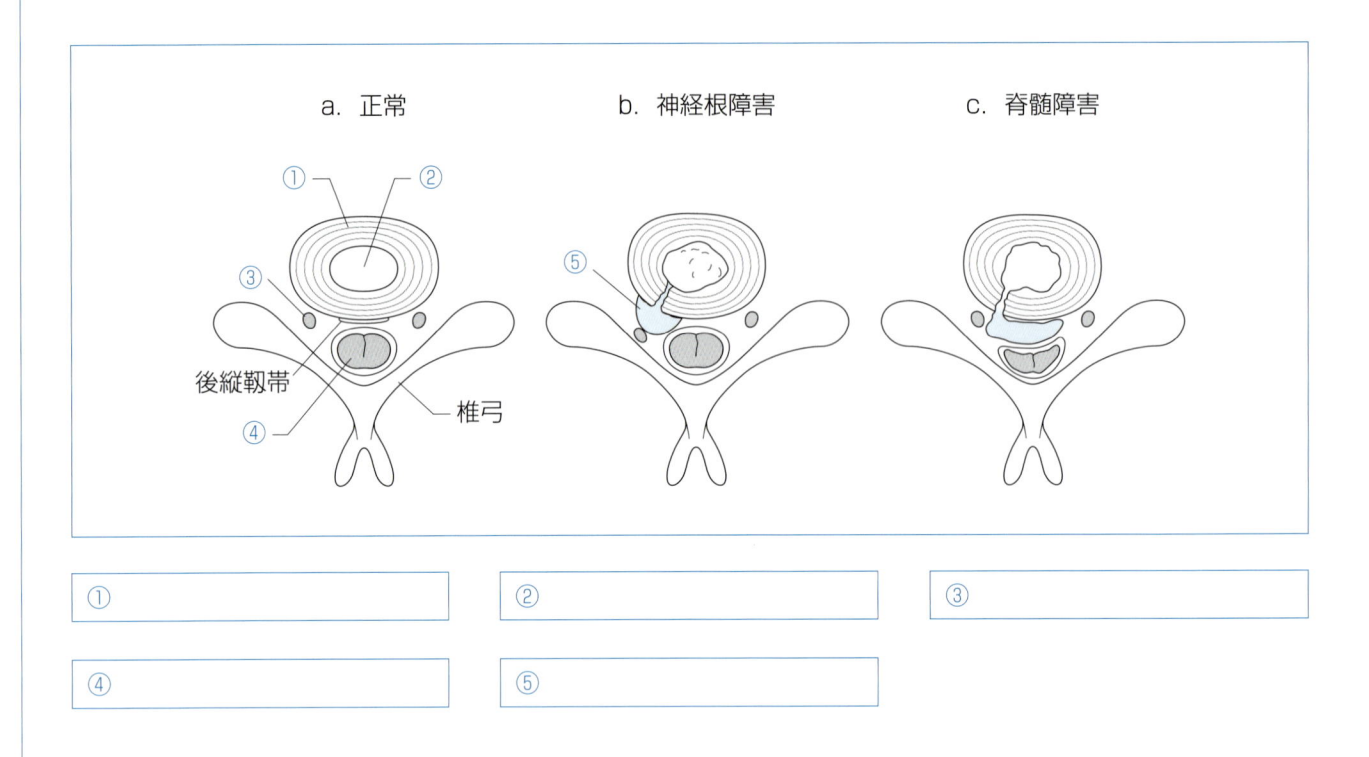

a. 正常　　　b. 神経根障害　　　c. 脊髄障害

後縦靱帯　椎弓

① _____
② _____
③ _____
④ _____
⑤ _____

問4 椎間板ヘルニアの形態による分類について，①～③に適切な語句を入れてみましょう． ▶❸ p.11

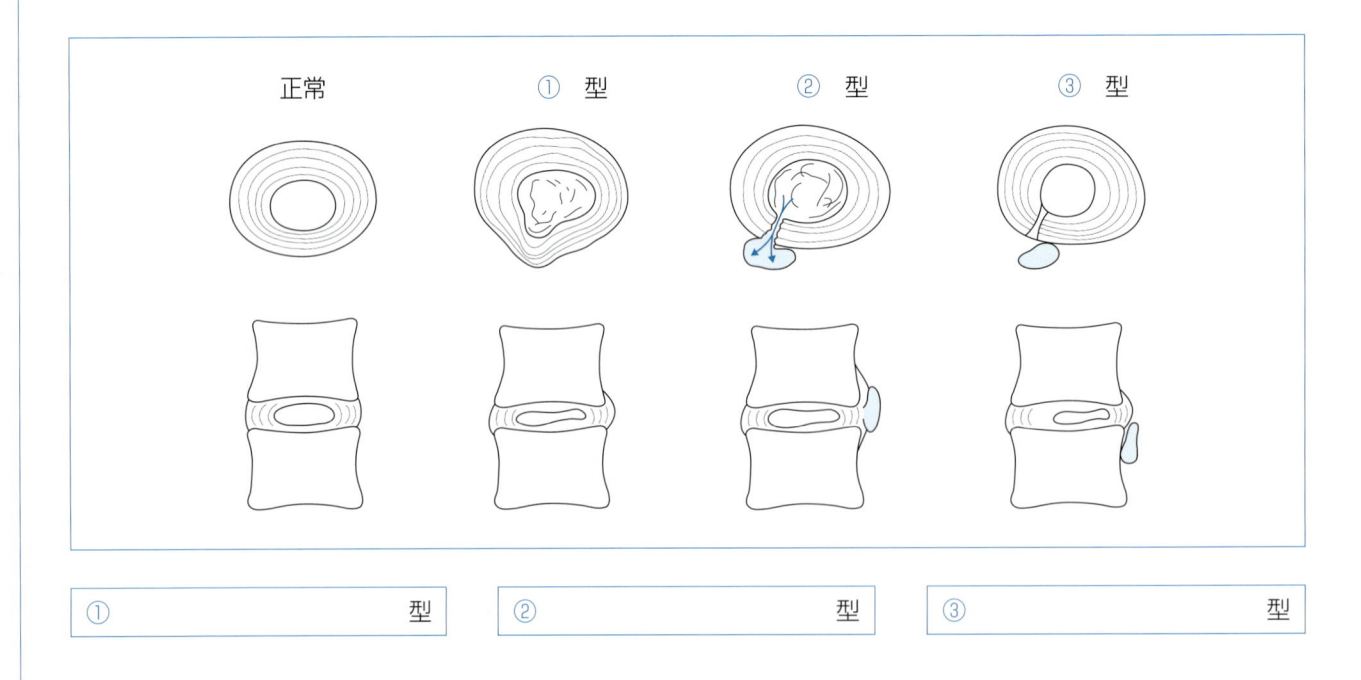

正常　　① 型　　② 型　　③ 型

① _____ 型
② _____ 型
③ _____ 型

問5 椎間板ヘルニアについて，以下の _____ に適切な語句を入れてみましょう． ▶❸ p.11

1. 第5頚椎と第6頚椎間の椎間板ヘルニアでは _____ が圧迫される．

2. 第4腰椎と第5腰椎間の脊柱管内の椎間板ヘルニアでは _____ が圧迫される．

B. 体　幹

問6　MRI画像の①〜③に適切な語句を入れてみましょう．▶❸ p.14

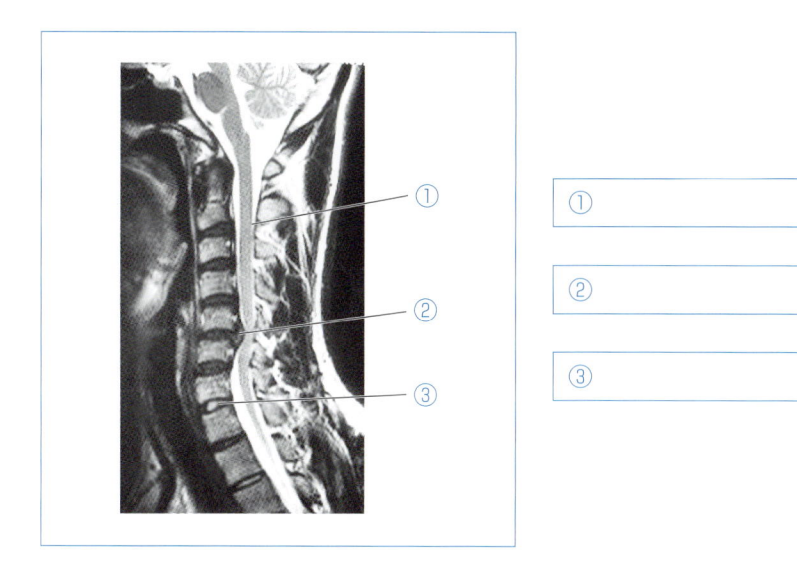

①

②

③

問7　脊髄損傷について，以下の_____に適切な語句を入れてみましょう．▶❸ p.14

1. 脊髄は_____神経であり，いったん損傷されると修復されない．そのため_____対策が重要となる．

2. 脊髄損傷の原因として一番多いのは_____で，スキー，フットボール，スカイスポーツ，柔道，体操と続く．

3. 脊髄損傷の予防方法として，競技者への注意喚起，危険な行為を減らすための_____改正，メディカルチェックなどが行われている．

問8　頚椎のさまざまな損傷について，①〜③に適切な語句を入れてみましょう．▶❸ p.15

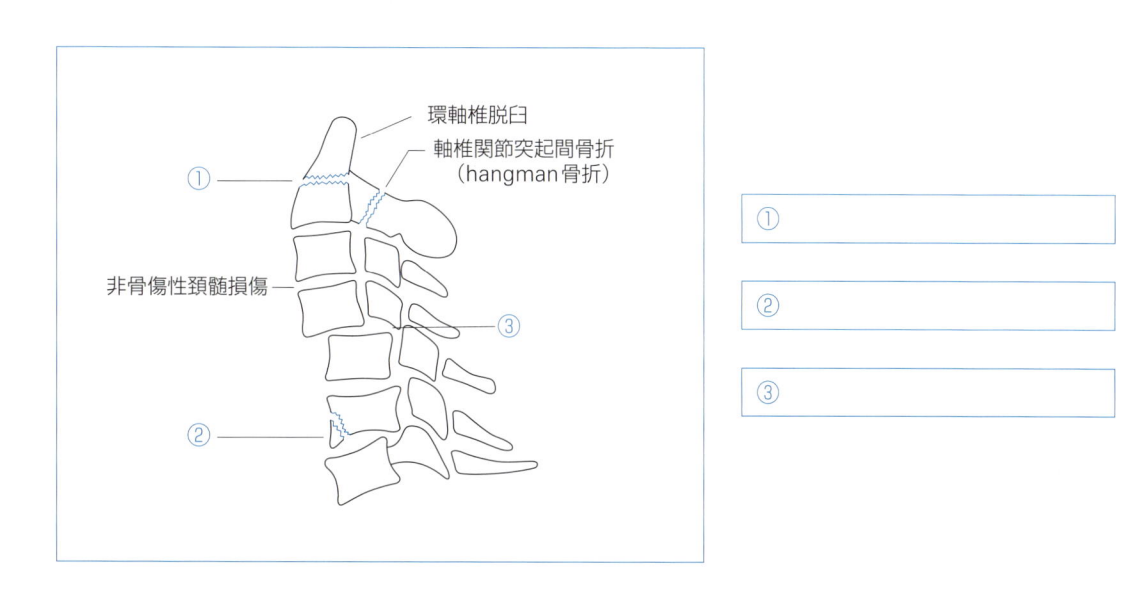

環軸椎脱臼
軸椎関節突起間骨折（hangman骨折）
非骨傷性頚髄損傷

①

②

③

2．体幹のスポーツ外傷・障害　15

問 9 頚髄症について，図を参考に以下の _____ に適切な語句を入れてみましょう． ▶❸ p.19

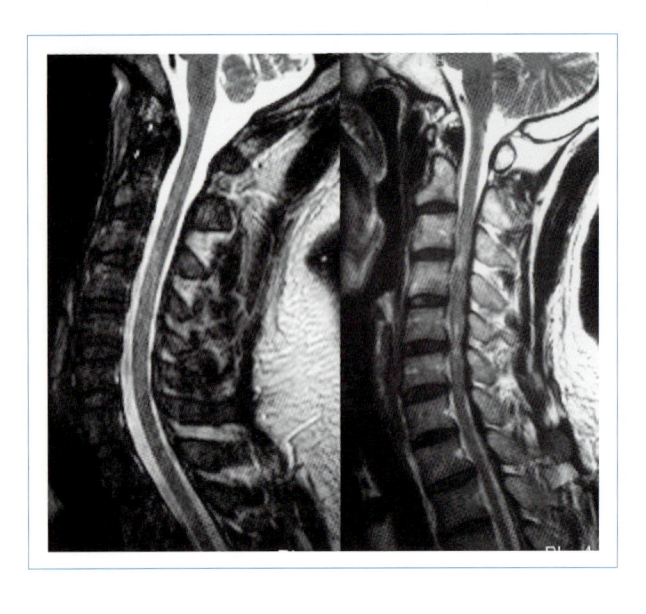

1. 頚椎の脊柱管が狭く，_____ が慢性的に圧迫されることで _____ が生じる．

2. 症状はさまざまで上肢下肢の _____ ，筋力低下，歩行障害，膀胱直腸障害を呈する．

3. 写真左では _____ の圧迫は認めないが，右では著しい圧迫を認める．

問 10 腰椎椎間板ヘルニアについて，以下の _____ に適切な語句を入れてみましょう． ▶❸ p.23

1. 腰椎椎間板ヘルニアの典型的な症状として，_____ の動きが制限される．

2. _____ の制限を表す指標として，_____ が用いられる．

問 11 腰椎椎間板の検査方法について，以下の _____ に適切な語句を入れてみましょう． ▶❸ p.23

1. 下位腰椎の椎間板ヘルニアになると _____ 神経が障害されるため _____ テストが陽性となる．

2. 上位腰椎（L3/4）の椎間板ヘルニアになると _____ 神経の障害によって，_____ テストが陽性となる．

問 12 腰椎椎間板ヘルニアによる神経症状について，以下の _____ に適切な語句を入れてみましょう． ▶❸ p.23-24

1. 第5腰椎神経根が障害されると，_____ の筋力低下が生じ，_____ の知覚障害が出現する．

2. 第1仙骨神経根が障害されると，_____ ，_____ の筋力低下が生じ，_____ ・_____ の知覚障害が出現し，_____ 反射が減弱する．

16　B. 体　幹

3. 第4腰椎神経根が障害されると，＿＿＿＿＿＿＿＿＿＿の筋力低下が生じ，＿＿＿＿＿＿＿＿＿＿の知覚障害が出現し，＿＿＿＿＿＿＿＿反射が減弱する．

問 13 腰椎分離症について，以下の＿＿＿＿に適切な語句を入れてみましょう． ▶❸ p.25

1. ＿＿＿＿期に過度のスポーツ活動を行うことによって，腰椎椎弓の＿＿＿＿＿＿＿＿＿＿に疲労骨折が生じ分離症となる．

2. X線撮影の＿＿＿＿像にて分離部所見が描出されるが，早期の分離症は＿＿＿＿検査が推奨される．

3. 腰椎椎間板ヘルニアでは＿＿＿＿運動が制限されるが、腰椎分離症では＿＿＿＿運動が制限されることが多い．

STEP 2

問 1
ジャンプの着地に失敗し，図のように骨盤に大きな衝撃力が生じると、胸腰移行部に骨折が生じることが多い。この理由について脊柱の機能解剖の視点から簡単に説明してみましょう． ▶❸ p.15

胸腰移行部に骨折が生じる

問 2
スポーツにおいて最も重篤な傷害の1つである頸髄損傷の発生を予防するための方策を，例をあげて簡潔に説明してみましょう． ▶❸ p.17-18

問 3 腰椎椎間板ヘルニアの病態について，簡潔に説明してみましょう． ▶❸ p.20

問 4 腰椎分離症の発生機転について，簡単に説明してみましょう． ▶❸ p.25

問 5 筋・筋膜性腰痛の特徴について，簡潔に説明してみましょう． ▶❸ p.25

C 上肢

1 上肢の基礎解剖と運動

STEP 1

問1

上肢の基礎解剖と運動について，以下の _____ に適切な語句を入れてみましょう．
▶❷ p.55-86

1. 上肢帯とは，厳密には _____ と _____ をさし，上腕骨以下を _____ という．

2. _____ は胸鎖関節にて胸骨と連結しており，これが上肢帯にとって唯一の _____ との骨性の連結である．

3. 上肢帯の関節には，肩甲骨と上腕骨を連結する _____ ，肩甲骨と鎖骨を連結する _____ ，さらに鎖骨と胸骨をつなぐ _____ がある．

4. 肩関節には，真の関節構造を持たない機能的関節として，三角筋と腱板との間に存在する _____ （第二肩関節），および肩甲骨と胸郭間の _____ がある．

5. 上腕骨と前腕骨を連結する肘関節は，_____ ，_____ ，_____ よりなる．

6. 上腕骨の内側上顆は，前腕の _____ の一部や，横方向への動揺性を抑制する _____ の起始部となっている．

7. 橈骨手根関節面は _____ に平均 11〜12°傾いており，また _____ を頂上として，掌尺側の関節面に向けて平均 22〜23°傾斜している．

8. 母指の CM 関節は _____ を呈しており，ヒトの母指は他の指と違い _____ を有している．

9. 手の機能を司る重要な神経は，_____ ，_____ ，_____ である．

問2
肩甲上腕関節の構造について，図の①〜⑦にそれぞれ適切な語句を入れてみましょう．▶❷ p.62

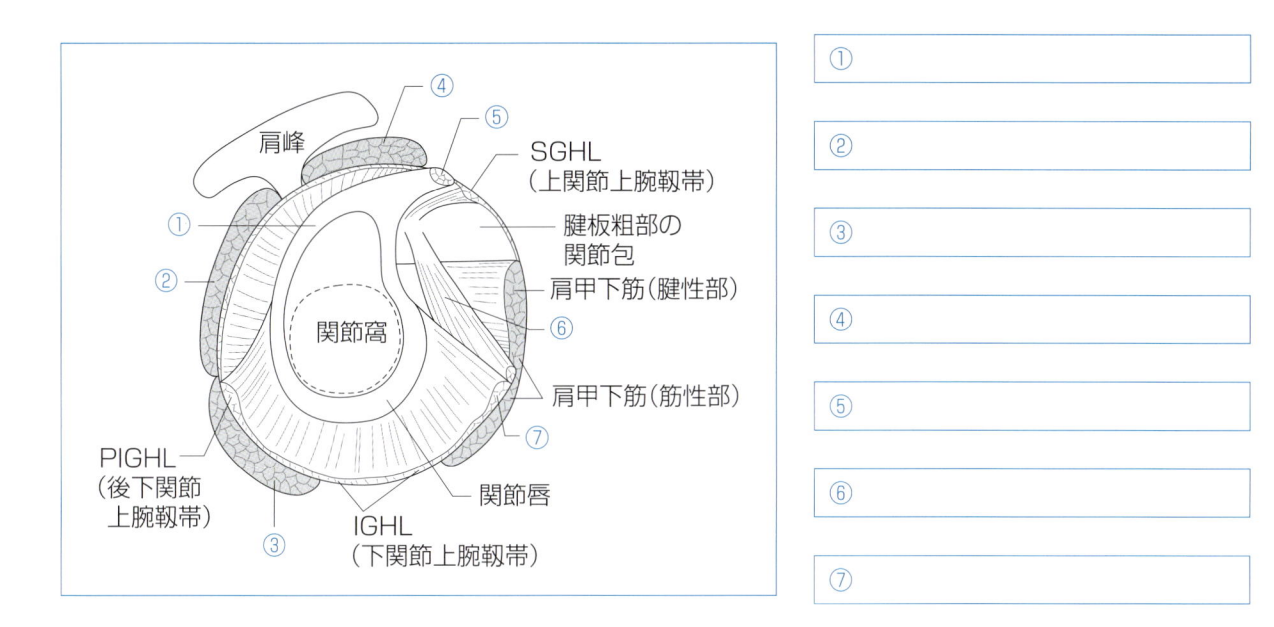

① 　
② 　
③ 　
④ 　
⑤ 　
⑥ 　
⑦ 　

問3
発育期の肘関節骨化核について，図の①〜③にそれぞれ適切な語句を入れてみましょう．▶❷ p.67

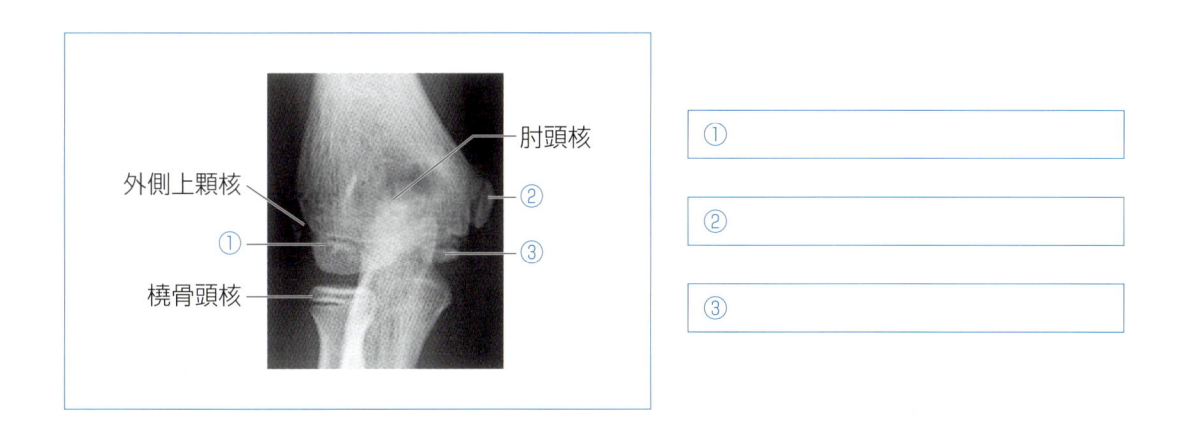

① 　
② 　
③ 　

問4
手の骨格について，図の①〜⑤にそれぞれ適切な語句を入れてみましょう．▶❷ p.78

① 　
② 　
③ 　
④ 　
⑤ 　

1．上肢の基礎解剖と運動

STEP 2

問 1 肩関節の腱板について，簡単にまとめてみましょう． ▶❷ p.64

問 2 肩甲上腕関節の安定化機構について，簡単にまとめてみましょう． ▶❷ p.61

問 3 肩甲胸郭関節の機能について，簡単にまとめてみましょう． ▶❷ p.61

問 4 キャリングアングル（外偏角）について，簡単にまとめてみましょう． ▶❷ p.71

問 5 肘関節の内側（尺側）側副靱帯の構造および役割を簡単にまとめてみましょう． ▶❷ p.68

問 6 手関節の尺側部の静的構成体と動的構成体について，簡単にまとめてみましょう． ▶❷ p.68

静的構成体

-
-
-
- など

動的構成体

| ・ | | ・ | | ・ |

など

問 7　三角線維骨複合体（TFCC）の機能について，簡単にまとめてみましょう．▶❷ p.81

- ・
- ・
- ・

など

2 上肢のスポーツ外傷・障害

STEP 1

問 1　上肢のスポーツ外傷・障害について，以下の_____に適切な語句を入れてみましょう．▶❸ p.49-84

1. 初回脱臼が10歳代の場合は_____％以上が，20歳代の場合は_____％以上が反復性に移行するとされており，初回脱臼年齢が高くなるほど反復性への移行率は_____する．

2. 肩関節前方脱臼の受傷肢位は，挙上した腕を後方へ持っていかれるなど_____や_____を強制される場合や，転倒して体側よりも_____へ腕をついた場合である．

3. 腱板断裂は_____腱と_____腱に起こる場合が多く，加齢による_____に何らかの外傷が加わって発症する．

4. 肩鎖関節脱臼は，鎖骨遠位端と肩峰をつなぐ_____，鎖骨と烏口突起をつなぐ_____の損傷状態により_____型に分類される．

5. 投球障害としての内側側副靱帯損傷は，_____高学年から出現し，繰り返す損傷による_____が主因である．発症は徐々に痛くなる_____型と，急激に出現する急性型がある．

6. 外側上顆炎は前腕_____群の，内側上顆炎は前腕_____群の腱付着部障害の総称であり，外側は_____肘，内側はゴルフ肘・内側テニス肘と呼ばれることが多い．

7. 離断性骨軟骨炎（OCD）は＿＿＿＿＿＿＿に認められる野球肘の1つで，＿＿＿＿＿＿＿＿の発生が最も多い．主因は投球動作における肘関節＿＿＿＿＿＿＿＿と腕橈関節の＿＿＿＿＿＿＿＿による圧迫剪断力である．

8. スポーツにより肘が酷使されると骨棘が出現し，＿＿＿＿＿＿＿＿＿＿＿＿＿となる．肘屈伸動作で骨棘同士が衝突することにより＿＿＿＿＿や可動域制限を生じ，滑膜炎による＿＿＿＿＿＿＿＿をきたす場合もある．

9. スポーツによる肘関節神経障害は，ほとんどが＿＿＿＿＿＿＿にみられ＿＿＿＿＿＿＿＿と診断され，代表的原因として＿＿＿＿＿＿＿＿＿と＿＿＿＿＿＿＿＿＿＿＿があげられる．

10. 尺側手根伸筋腱脱臼は，同腱が背側＿＿＿＿＿＿＿＿＿＿＿＿＿＿内にて尺骨溝より逸脱し，＿＿＿＿＿＿＿へ脱臼する疾患で，多くは前腕を＿＿＿＿＿し，尺屈させると脱臼が誘発しやすい．

11. 中手骨および基節骨の骨幹部骨折は，それぞれ＿＿＿＿＿＿変形および＿＿＿＿＿＿変形を生じ，腱損傷や＿＿＿＿＿の原因となる．

12. MP関節脱臼は，＿＿＿＿＿＿＿＿＿＿＿がほとんどであり，＿＿＿＿＿＿＿＿＿＿＿はきわめて少ない．PIP関節脱臼骨折は，＿＿＿＿＿＿＿＿＿＿＿に三角骨折ができてその部に残り，他の部位は＿＿＿＿＿＿に脱臼することが多い．

13. キーンベック病とは，手根骨の1つである＿＿＿＿＿＿＿が，その血行障害により＿＿＿＿＿＿＿＿＿＿＿に陥る疾患である．

問 2　橈骨遠位端骨折について，①，②に骨折型を入れてみましょう．▶❸ p.81

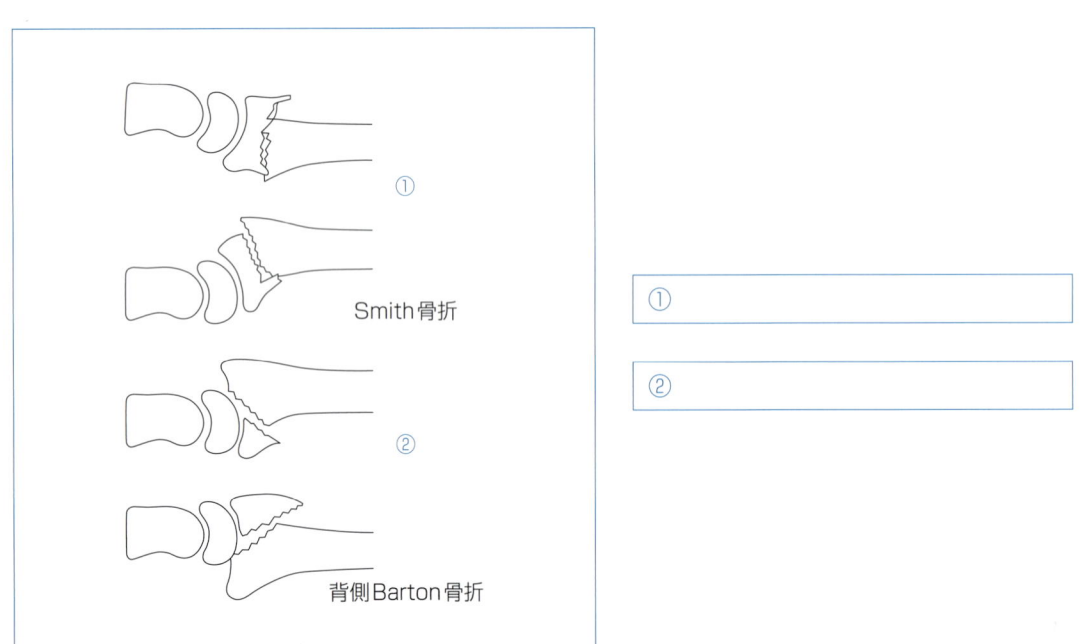

①
②

STEP 2

問 1 反復性肩関節前方脱臼・亜脱臼の病態について，簡単にまとめてみましょう． ▶❸ p.49

問 2 肩関節（肩甲上腕関節）の不安定性を評価するテストを 4 つあげてみましょう． ▶❸ p.50

問 3 肩関節前方脱臼における徒手的検査である前方 apprehension test の行い方を簡単に説明してみましょう．また同テストを他者に行ってもらい，そのときに加わるストレスを体験してみましょう． ▶❸ p.51

問 4 肩関節前方脱臼の治療について，初回と反復性に分け簡単に説明してみましょう． ▶❸ p.51

問 5 肩腱板損傷における徒手的検査をあげてみましょう． ▶❸ p.53-54

問 6 肩鎖関節脱臼の Tossy 分類を簡単に説明してみましょう． ▶❸ p.54

問 7 肩鎖関節脱臼の徒手的検査をあげてみましょう． ▶❸ p.56

- 　
- 　

問 8 投球障害肩の病態と器質的損傷について，簡単にまとめてみましょう． ▶❸ p.56-57

病態

器質的損傷

- 　
- 　　　　　　　　　　　　　　　　　　　　　　　　　　　　　　　　　など

問 9 肘関節内側側副靱帯（MCL）損傷の診断における外反ストレステストを，簡単に説明してみましょう． ▶❸ p.59

問 10 肘関節滑膜ひだ障害について，簡単に説明してみましょう． ▶❸ p.62

問 11 離断性骨軟骨炎の病期について，簡単に説明してみましょう． ▶❸ p.65

問 12 尺骨神経障害の治療について，注意すべき点をあげてみましょう． ▶❸ p.69

問 13 自発痛と圧痛部位から考えられる手関節痛を示す3つの疾患（骨折を除く）について，整理してみましょう． ▶❸ p.70

尺側部痛
- ・
- ・
- ・ など

中央部痛
- ・
- ・
- ・ など

橈側部痛
- ・ など

問 14 手根不安定症について，簡単に説明してみましょう． ▶❸ p.70

問 15 TFCC 損傷の診断方法について，簡単に説明してみましょう． ▶❸ p.75

問 16　中手骨および基節骨骨折の整復状態について，注意すべき点をあげてみましょう．　▶❸ p.77-79

問 17　舟状骨骨折において，腫脹と圧痛を認める解剖学的嗅ぎタバコ入れの部位を4つあげてみましょう．　▶❸ p.81

-
-
-
-

D 下 肢

1 下肢の基礎解剖と運動

STEP 1

問 1 骨盤部の主な解剖について，①〜⑧の部位（①〜④，⑧），靱帯（⑤），筋肉（⑥，⑦）の名称をそれぞれ入れてみましょう． ▶❷ p.90

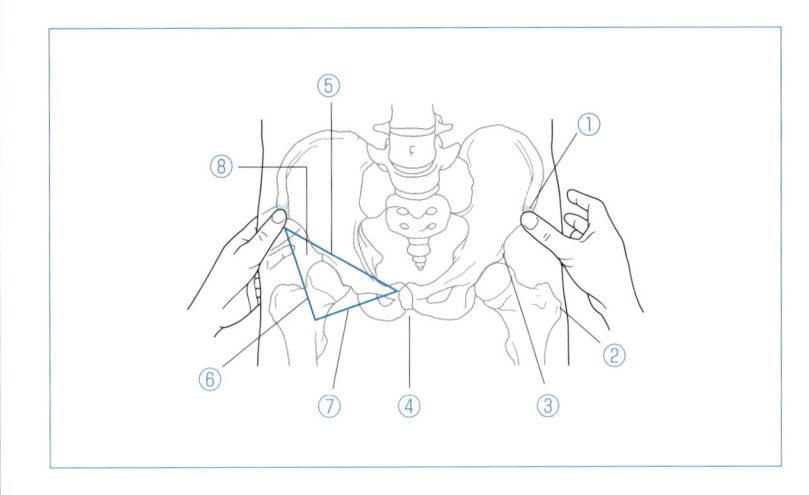

① _____

② _____

③ _____

④ _____

⑤ _____

⑥ _____

⑦ _____

⑧ _____

30　D．下　肢

問 2

股関節の動きとその主な筋についての表の，①〜⑥にそれぞれ適切な名称を入れてみましょう．
▶❷ p.92

股関節の動き			筋名
インナーマッスル	前方	内旋	恥骨筋
	後方	外旋	深層外旋筋群
アウターマッスル	前方	屈曲・外旋	腸腰筋，①
		屈曲	②
	内側	内転	大内転筋 ③ 短内転筋
	外側	外転	④ 中殿筋 小殿筋
	後方	伸展	⑤ 大腿二等筋 } ハムスト 半腱様筋 } リングス ⑥
		伸展・内転	薄筋

①
②
③
④
⑤
⑥

問 3

膝関節の主な解剖について，図の①〜⑦の靱帯や筋肉の名称をそれぞれ入れてみましょう．
▶❷ p.96

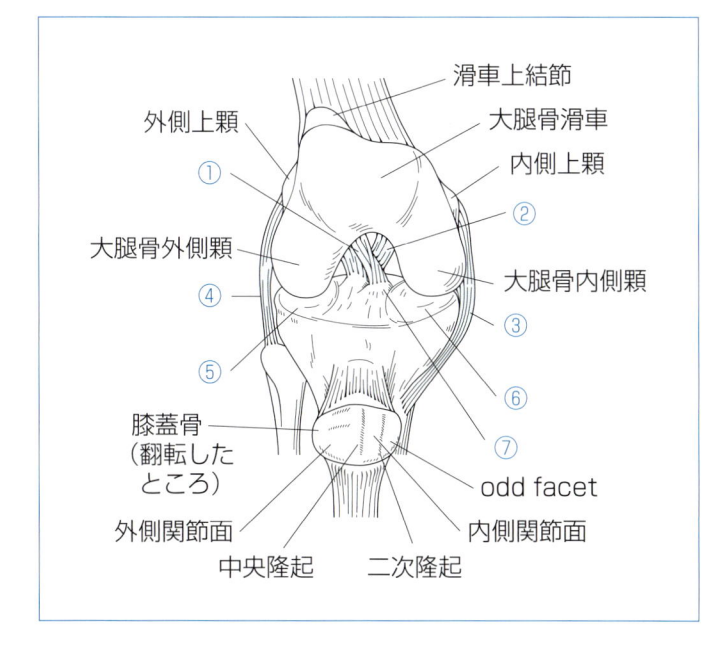

図中ラベル：滑車上結節，外側上顆，大腿骨滑車，内側上顆，大腿骨外側顆，大腿骨内側顆，膝蓋骨（翻転したところ），odd facet，外側関節面，内側関節面，中央隆起，二次隆起

①
②
③
④
⑤
⑥
⑦

問 4

半月板周囲の主な解剖について，図の①～⑦にそれぞれ適切な語句を入れてみましょう．
▶❷ p.99

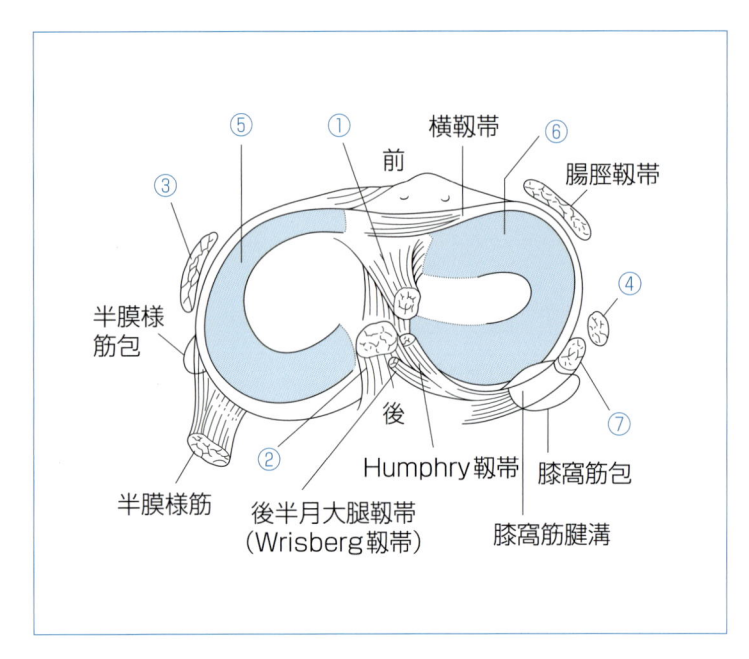

①
②
③
④
⑤
⑥
⑦

問 5

膝靱帯の制動作用について，表の①～⑧にそれぞれ適切な語句を入れてみましょう．　▶❷ p.100

外力の種類	制動作用を担う靱帯
前方	① 内側側副靱帯
後方	② 後外側構成体
外反	③ ④ 後十字靱帯
内反	⑤ 腸脛靱帯 前十字靱帯 後十字靱帯
過伸展	後方関節包 ⑥
外旋	⑦ 後外側構成体
内旋	⑧ 腸脛靱帯

①
②
③
④
⑤
⑥
⑦
⑧

問6 膝内側支持機構の解剖について，図の①〜⑦にそれぞれ適切な語句を入れてみましょう． ▶❷ p.102

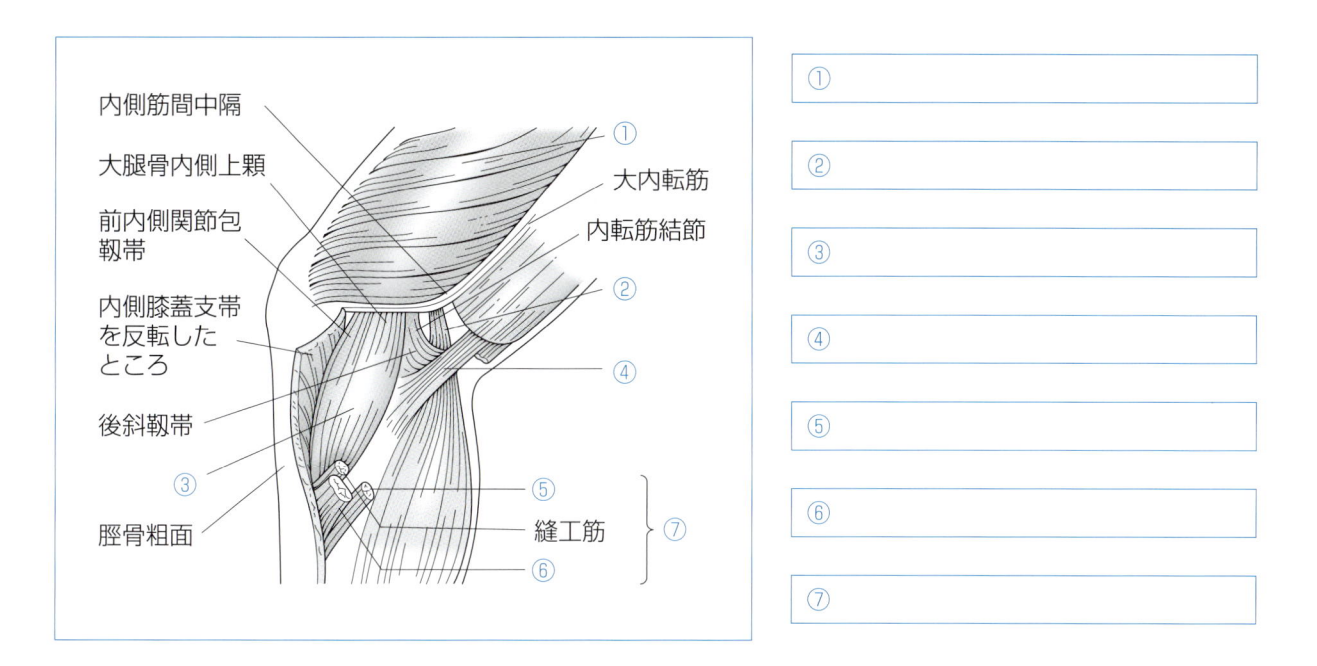

内側筋間中隔
大腿骨内側上顆
前内側関節包靱帯
内側膝蓋支帯を反転したところ
後斜靱帯
脛骨粗面
大内転筋
内転筋結節
縫工筋

①
②
③
④
⑤
⑥
⑦

問7 膝関節に作用する筋について，図の①〜⑪にそれぞれ適切な語句を入れてみましょう． ▶❷ p.103

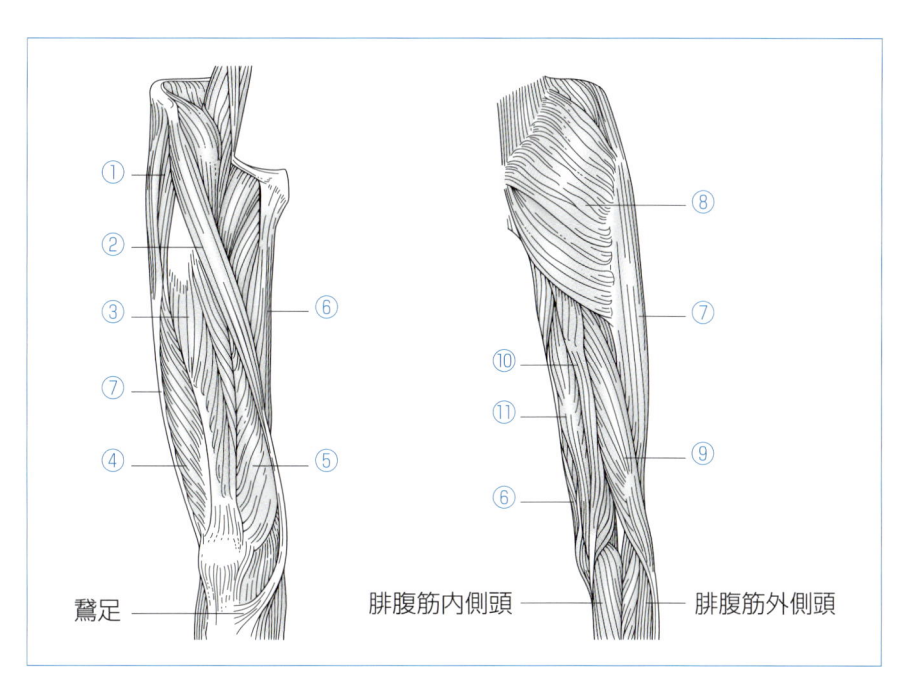

鵞足
腓腹筋内側頭
腓腹筋外側頭

①
②
③
④
⑤
⑥
⑦
⑧
⑨
⑩
⑪

問8

足関節や後足部の靭帯について，図の①〜⑧にそれぞれ適切な語句を入れてみましょう． ▶❷ p.109

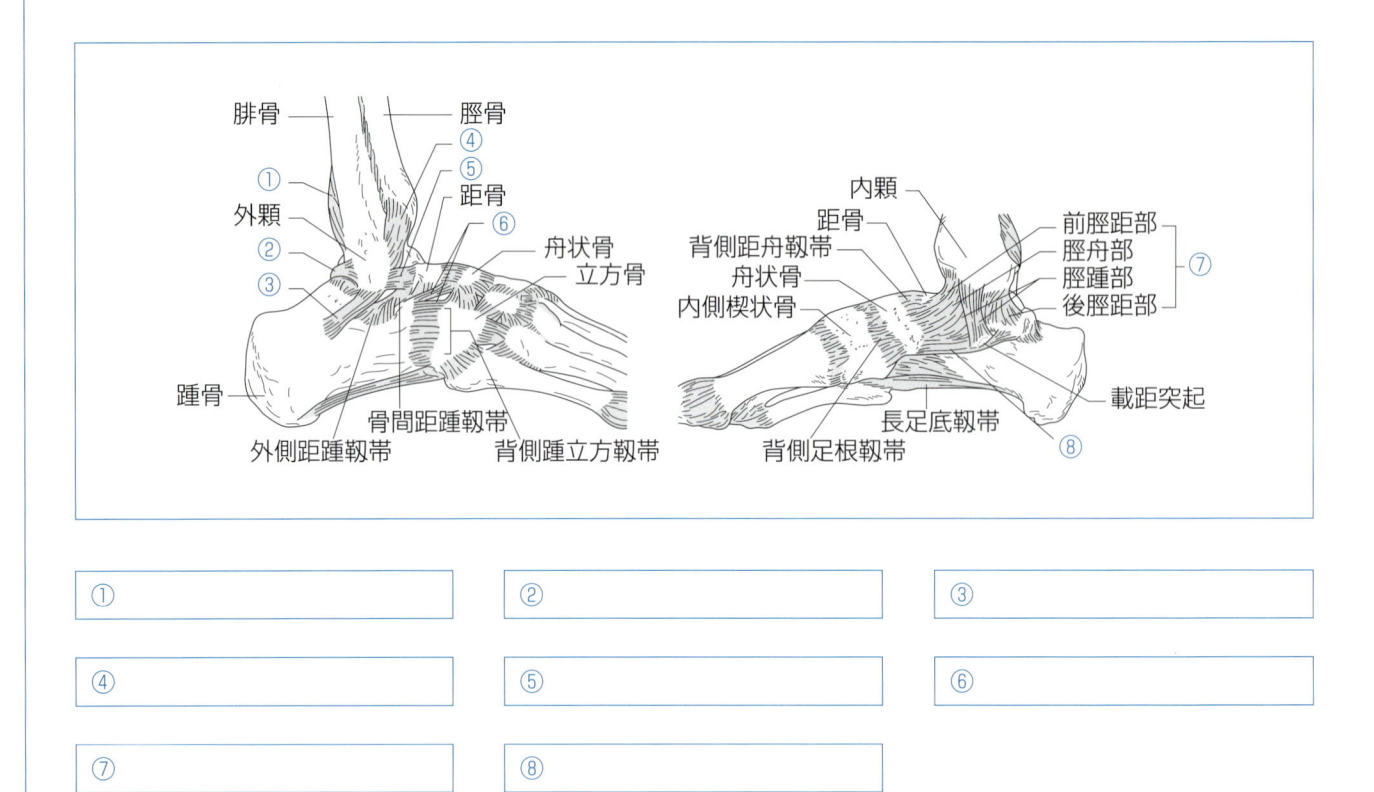

腓骨	脛骨
④	
① ⑤	
外顆 距骨	内顆
② ⑥	距骨 前脛距部
③ 舟状骨	背側距舟靭帯 脛舟部 ⑦
立方骨	舟状骨 脛踵部
	内側楔状骨 後脛距部
踵骨	
骨間距踵靭帯	載距突起
外側距踵靭帯 背側踵立方靭帯	長足底靭帯 ⑧
背側足根靭帯	

① ② ③

④ ⑤ ⑥

⑦ ⑧

問9

下腿の筋について，表の①〜⑫内にそれぞれ適切な語句を入れてみましょう． ▶❷ p.112-117

筋名	足関節	足部	支配神経
腓腹筋 ヒラメ筋	屈曲		① 神経
前脛骨筋	②	③	④ 神経
後脛骨筋	⑤	⑥	⑦ 神経
長腓骨筋 短腓骨筋	⑧	⑨	⑩ 神経
長母趾伸筋 長趾伸筋		母趾, 趾の伸展	⑪ 神経
長母趾屈筋 長趾屈筋		母趾, 趾の屈曲	⑫ 神経

① ②

③ ④

⑤ ⑥

⑦ ⑧

⑨ ⑩

⑪ ⑫

問 10 足の変形について，図の①〜⑩の名称を入れてみましょう． ▶❷ p.122

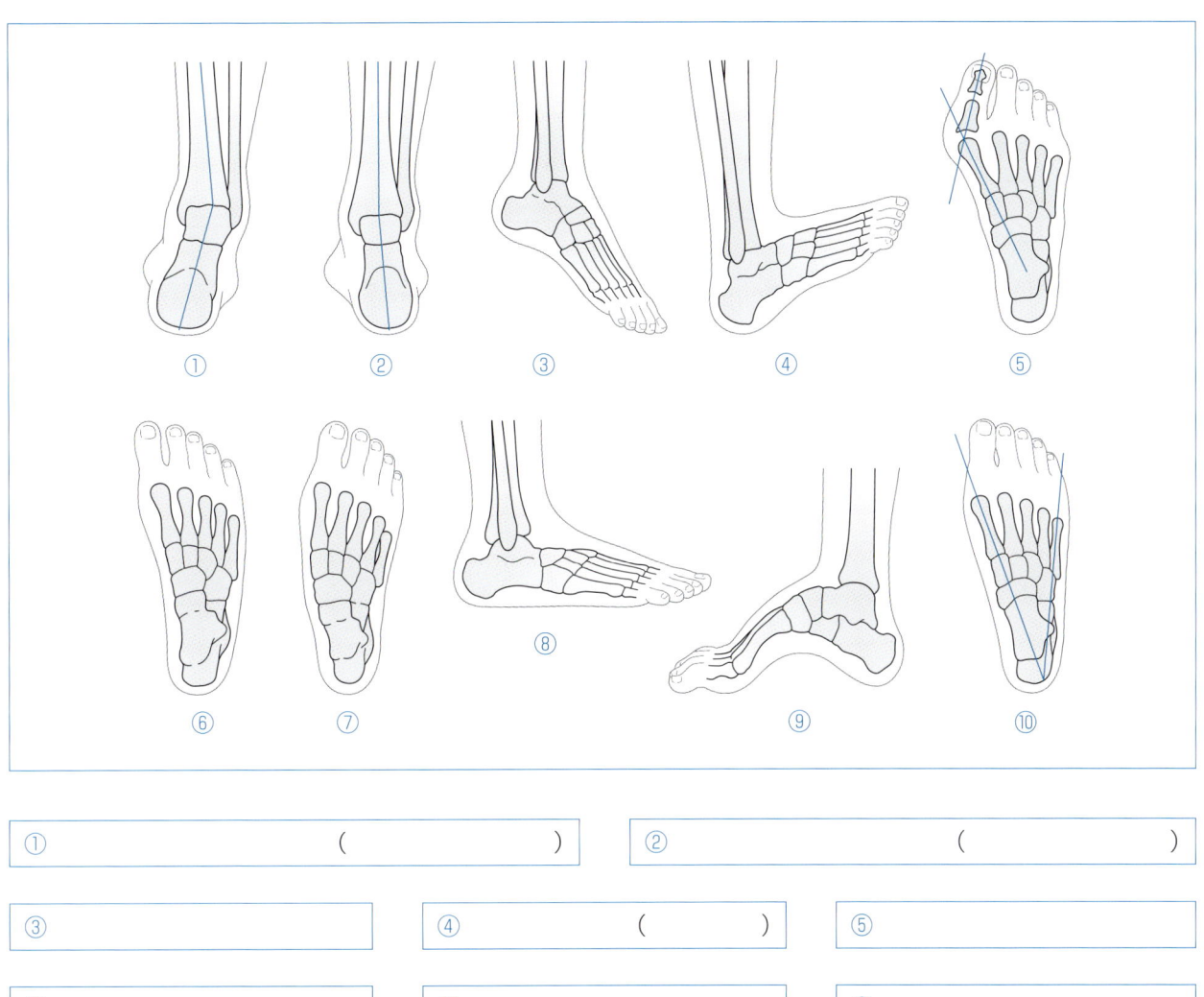

| ① | （　　　　　　） | ② | （　　　　　　） |

| ③ | ④ （　　　） | ⑤ |

| ⑥ | ⑦ | ⑧ |

| ⑨ | ⑩ |

1. 下肢の基礎解剖と運動

2 下肢のスポーツ外傷・障害

STEP 1

問1
股関節周辺の痛みについて，表の①～⑦内にそれぞれ適切な語句を入れてみましょう．
▶❸ p.98-100

1. 骨・関節由来
   1) 股関節の外傷（脱臼，脱臼骨折）
   2) 股関節疾患（OA，骨頭すべり症・壊死など）
   3) ① ：上前腸骨棘など
   4) 骨盤骨端症
   5) ② ：恥骨下枝など
   6) その他：恥骨結合炎など
2. 軟部組織由来
   1) ③ の損傷・炎症
   2) ④ ：ばね股（大転子部）
3. その他
   1) いわゆる " ⑤ "，鼠径ヘルニア
   2) ⑥
   3) ⑦ ，腫瘍など

①
②
③
④
⑤
⑥
⑦

問2
骨盤部の代表的な裂離骨折と疲労骨折について，図の①～⑤にそれぞれ適切な語句を入れてみましょう．また①，②，③の原因となる筋をそれぞれあげてみましょう．▶❸ p.98-100

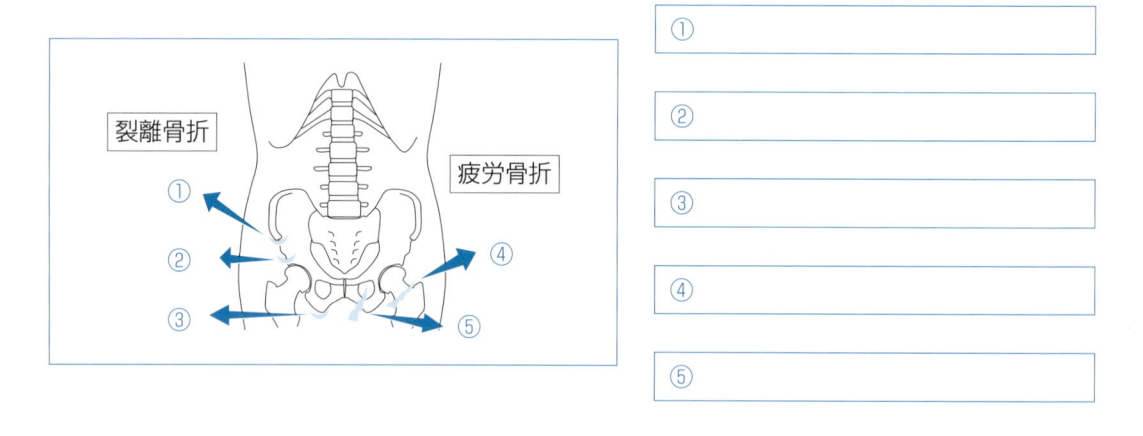

裂離骨折　疲労骨折

①
②
③
④
⑤

原因となる筋

①　②　③

問3

anterior knee pain について，表の①〜⑧にそれぞれ適切な語句を入れてみましょう．
▶❸ p.111

A．膝蓋大腿関節の解剖学的異常による疾患
- ①　　　・膝蓋骨亜脱臼
- 膝蓋軟骨軟化症
- ELPS（excessive lateral pressure syndrome）

B．膝伸展機構による張力

　膝運動による張力
- ②　　　病 ・Sinding-Larsen 病 ・③
- ④　　　・大腿四頭筋総腱炎

　繰り返し運動による接触や圧迫
- 大腿四頭筋総腱炎
- ⑤　　　・⑥　　　膝
- ⑦　　　・⑧

C．その他
- 膝屈曲拘縮
- 膝蓋骨 reflex sympathetic dystrophy

| ① |
| ② |
| ③ |
| ④ |
| ⑤ |
| ⑥ |
| ⑦ |
| ⑧ |

問4

図の①〜⑨に示した膝の代表的なスポーツ障害の疼痛部位について，それぞれ疾患名を入れてみましょう．▶❸ p.111

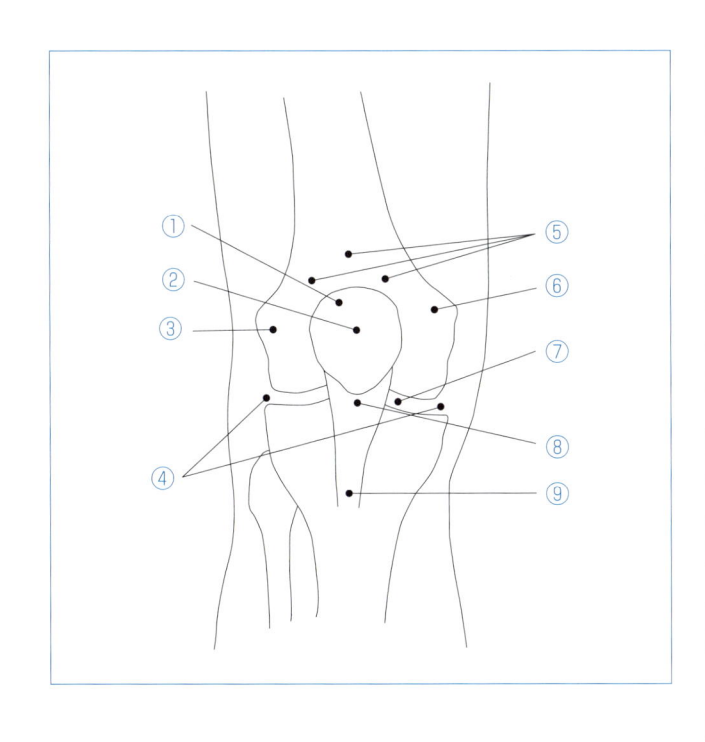

| ① |
| ② |
| ③ |
| ④ |
| ⑤ |
| ⑥ |
| ⑦ |
| ⑧ |
| ⑨ |

問5 下腿の疲労骨折の好発部位について，図の①〜⑦にそれぞれ適切な語句を入れてみましょう． ▶❸ p.125

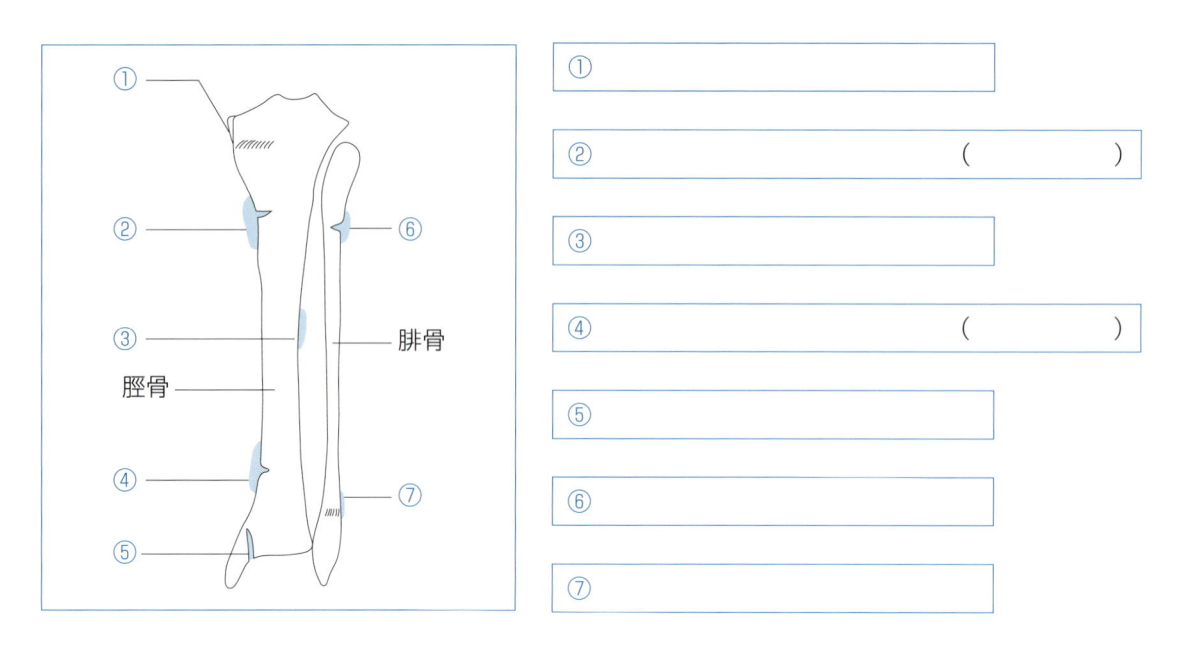

①　　　　　　　　　　　　　　

②　　　　　　　　　　（　　　　）

③　　　　　　　　　　　　　　

④　　　　　　　　　　（　　　　）

⑤　　　　　　　　　　　　　　

⑥　　　　　　　　　　　　　　

⑦　　　　　　　　　　　　　　

STEP 2

問1 肉離れについて，筋挫傷（筋打撲傷）との違い，起こりやすい筋の形状，筋収縮の種類，および筋内での好発部位をあげてみましょう． ▶❸ p.85

筋挫傷（筋打撲傷）との違い

起こりやすい筋の形状

筋収縮の種類

筋内での好発部位

問 2
大腿四頭筋とハムストリングスの肉離れについて，それぞれ起こりやすい筋，受傷しやすい肢位および症状をあげてみましょう． ▶❸ p.85-91

大腿四頭筋の肉離れ

起こりやすい筋

受傷しやすい肢位

症状

ハムストリングスの肉離れ

起こりやすい筋

受傷しやすい肢位

症状

問 3
大腿部の打撲について，特徴的な他覚的症状，受傷時の固定法，および合併症をあげてみましょう． ▶❸ p.92-95

特徴的な他覚的症状

受傷時の固定法

合併症

2．下肢のスポーツ外傷・障害

問 4
膝前十字靭帯（ACL）損傷の受傷機転，症状，徒手検査法，および治療の流れについて簡単に説明してみましょう． ▶❸ p.101-103

受傷機転

症状

徒手検査法

- ・
- ・
- ・

治療の流れ

- ・
- ・

問 5
膝後十字靭帯（PCL）損傷の受傷機転，症状，徒手検査法，および治療の流れについて，簡潔に述べてみましょう． ▶❸ p.104-105

受傷機転

症状

徒手検査法

治療の流れ

-
-

問6 膝内側側副靱帯（MCL）損傷の受傷機転，症状，徒手検査法および治療の流れについて，簡潔に述べてみましょう． ▶❸ p.106-107

受傷機転

症状

徒手検査法

治療の流れ

- 受傷直後：
- Ⅰ度，Ⅱ度：
- Ⅲ度：
- MCL単独損傷：

2．下肢のスポーツ外傷・障害

問7
膝半月（板）損傷の受傷機転，症状，徒手検査法，および治療の流れについて，簡潔に述べてみましょう． ▶❸ p.108-109

受傷機転

症状

徒手検査法

・　　　　　　　　　・　　　　　　　　　など

治療の流れ

問8
アキレス腱断裂の徒手検査法の名称をあげ，その手技について説明してみましょう． ▶❸ p.119-122

名称

手技

問9
足関節外側靱帯損傷の重症度について，それぞれ簡潔に説明してみましょう． ▶❸ p.130

Ⅰ度

Ⅱ度

Ⅲ度

問10 扁平足障害について，その原因についても触れながら簡単に説明してみましょう． ▶❸ p.135-138

問11 足部の代表的な疲労骨折を2つあげ，受傷しやすいスポーツ種目（①）と（②）治療の流れについて説明してみましょう． ▶❸ p.140-142

[_____] 骨折

①

②

[_____] 骨折

①

②

問 12
過剰骨について，外脛骨と三角骨の番号はどれでしょうか．そしてそれぞれの障害名（①）と病態（②）を簡潔に説明してみましょう． ▶❸ p.143-147

外脛骨 ：☐

①　　　　　　　　　　　　　

②　　　　　　　　　　　　　

三角骨 ：☐

①　　　　　　　　　　　　　

②　　　　　　　　　　　　　

問 13
足関節捻挫後の合併症として考えられるものを2つあげ，それぞれについて，その病態を簡単に説明してみましょう． ▶❸ p.148-152

・　　　　　　　　：

・　　　　　　　　：

など

問 14 足関節捻挫との鑑別が必要な外傷を2つあげ、それぞれの病態について簡単に説明してみましょう. ▶❸ p.152-153

・ _____ : _____

・ _____ : _____

など

問 15 下肢の代表的な骨端症について、踵骨、舟状骨、第2中足骨の代表的な骨端症の名称（①）と、その好発しやすい年齢や性別（②）を簡単に説明してみましょう. ▶❸ p.155-156

踵骨
① _____ ② _____

舟状骨
① _____ ② _____

第2中足骨
① _____（　　　） ② _____

E 重篤な外傷

1 頭蓋骨骨折

STEP 1

問 1
頭部の解剖について，以下の＿＿＿＿に適切な語句を入れてみましょう． ▶❸ p.157

1. 頭皮の下には頭蓋骨があり，その直下には硬膜がある．さらに，その内側には＿＿＿＿＿＿＿＿という薄い膜があり，この膜の中に＿＿＿＿＿＿＿＿＿＿という液体が循環していて，脳はここに浮いている状態である．

問 2
頭蓋骨骨折の種類を2つあげてみましょう． ▶❸ p.158

・	・

問 3
頭蓋内出血が起きた場合の症状について，以下の＿＿＿＿に適切な語句を入れてみましょう． ▶❸ p.158-159

1. 血腫の体積が増加してくると，頭蓋内の圧が上昇してくる．この状態を＿＿＿＿＿＿＿＿＿＿＿＿と称するが，この時点で＿＿＿＿＿＿や＿＿＿＿＿＿などの自覚症状が出てくる．

2. さらに血腫の形成が進行すると，頭蓋内の脳組織のひずみを生じて，＿＿＿＿＿＿や呼吸などの生命維持にかかわる＿＿＿＿＿＿という部分に圧迫が加わり，生命の危険が生じてくる．この状態を＿＿＿＿＿＿＿＿＿＿という．

STEP 2

問 1
頭の皮膚（頭皮）の特徴について，まとめてみましょう． ▶❸ p.157

問 2
頭皮の挫創（けが）の初期治療について，まとめてみましょう． ▶❸ p.157

E. 重篤な外傷

問 3 頭蓋骨骨折は現場で診断することは難しいですが，骨折自体よりも怖い続発症があります．その名称と発生機序を簡潔に述べてみましょう． ▶❸ p.158

問 4 選手が立木やポストなどに激しく衝突したり，硬い表面へ転落などしたときの対応を簡潔に述べてみましょう． ▶❸ p.159

2 脳損傷

STEP 1

問 1 脳損傷の分類を 2 つあげてみましょう． ▶❸ p.160

- ・
- ・

問 2 急性硬膜下血腫の発生機序について，以下の ＿＿＿＿＿ に適切な語句を入れてみましょう． ▶❸ p.160-161

1. 頭蓋骨の中央にある静脈洞と脳の表面を連絡する ＿＿＿＿＿＿（＿＿＿＿＿＿＿＿）に急激なストレス，張力がかかると，当該静脈が切れてしまい，硬膜と ＿＿＿＿＿＿ の間に血腫が形成される．

問 3 脳損傷（脳挫傷や急性硬膜下血腫など）が生じた場合の自覚症状として，注意しなくてはならないものを 2 つ以上あげてみましょう． ▶❸ p.161

- ・
- ・
- ・

など

STEP 2

問 1 脳挫傷とは，脳組織の挫滅を起こした状態ですが，これを起こす機序は大きく 2 つ考えられています．その 2 つをあげてみましょう． ▶❸ p.160

- ・
- ・

問2 急性硬膜下血腫を起こすような外傷は，必ず意識障害（意識消失）などを伴うものでしょうか． ▶❸ p.161

3 脳振とう

STEP 1

問1 脳振とうの定義について，以下の _____ に適切な語句を入れてみましょう． ▶❸ p.163

1. 急激な脳組織の「ひずみ」による脳の _____ をきたし，精神活動が障害されたときを，脳振とうと定義している．

2. _____ だけでなく，精神活動が混乱したり，試合前後のことが思い出せないような _____ も広く含まれる．

問2 脳振とうを起こしやすいスポーツにはどのようなものがあるでしょうか．3つ以上あげてみましょう． ▶❸ p.163

-
-
-
-
- など

問3 脳振とうの症状は，4〜10日間くらい続く場合が多くあります．この時期に再び頭部へ打撃を被ると，致死的な障害を起こすことがあります．これを何と呼ぶでしょうか． ▶❸ p.165

STEP 2

問1 脳振とうを起こしたと考えられる選手へのフィールドでの対応を簡単に述べてみましょう． ▶❸ p.164

問 2
「脳振とうは，すぐに意識が戻るから，後は大丈夫だよ」というのは，間違った考え方ですが，その理由として2つある問題点をあげてみましょう． ▶❸ p.164-165

-
-

問 3
脳振とうを繰り返すと永続的に出てしまうことがあるのはどのような症状でしょうか． ▶❸ p.164-165

4 脊髄損傷

STEP 1

問 1
脊髄について，以下の_____に適切な語句を入れてみましょう． ▶❸ p.167

1. 脊髄とは _____ からの手足への運動の命令を伝えたり，手足からの情報を _____ へ伝えたりする機能が集約した _____ と考えられる．

問 2
脊髄損傷の症状を3つ以上あげてみましょう． ▶❸ p.168

-
-
-

など

STEP 2

問 1
脊髄損傷，特に頚髄損傷の原因として考えられる発生機序について，簡潔に述べてみましょう． ▶❸ p.167-168

問 2
脊髄損傷が疑われるときの選手の搬送について，注意点を簡潔に述べてみましょう． ▶❸ p.169

5 胸腹部外傷

STEP 1

問 1　気胸，血胸について，以下の_____に適切な語句を入れてみましょう． ▶❸ p.170-171

1. 損傷した_____から_____が胸腔内に漏れると気胸となり，外傷により損傷した_____や胸膜，_____などから胸腔内に出血すると血胸となる．

2. 気胸や血胸によって，しだいに増強する_____，_____，頻呼吸を起こす．

STEP 2

問 1　肋骨骨折の症状をあげてみましょう． ▶❸ p.170

問 2　心臓振とうについて，概念と救命のためには何が有効かを簡潔に述べてみましょう． ▶❸ p.171

6 大出血

STEP 1

問 1　ショックについて，以下の_____に適切な語句を入れてみましょう． ▶❸ p.173-176

1. ショックとは，何らかの原因で_____が低下し，全身への血液が行きわたらなくなるため，組織に_____やブドウ糖の不足が起こり，さまざまな障害を起こした状態である．

2. 人間の血液は成人で体重の_____〜_____％といわれており，そのうち_____％以上が急速に失われると_____となり，_____％以上が失われると生命に危険な状態になる．

3. ショック時は血圧の低下により，_____や_____への血流が減少しているため，_____を30 cm くらい挙上して，_____は用いず，_____を低く保つ．この体位をショック体位という．

52　E. 重篤な外傷

STEP 2

問 1 止血法としては3通りありますが，その名称をあげてみましょう．そして，それぞれの方法をテキストで確認しておきましょう． ▶❸ p.174-176

| ・ | ・ | ・ |

6 大出血

F その他の外傷

1 顔　面

STEP 1

問 1 顔面外傷時について，以下の＿＿＿＿に適切な語句を入れてみましょう．▶❸ p.178

1. 顔面外傷時は，常に＿＿＿＿＿＿＿＿＿＿を合併している可能性を念頭に入れて対処すべきである．

2. 原因としては，顔面骨は＿＿＿を衝撃から守る車のバンパーのような役割をしているので，＿＿＿＿＿しやすい．弱い部分としては，前頭洞・＿＿＿＿＿＿，＿＿＿＿＿＿＿＿＿＿＿＿＿＿などである．

STEP 2

問 1 顔面外傷時に生じた創傷に対する処置について，簡潔に述べてみましょう．▶❸ p.178

2 目

STEP 1

問 1 目の外傷時について，以下の＿＿＿＿に適切な語句を入れてみましょう．▶❸ p.182

1. 眼窩よりも大きい打撃面積の場合，＿＿＿＿＿＿＿＿＿＿＿＿＿になり，眼窩より小さい打撃面積の場合には，＿＿＿＿＿＿＿＿＿＿を起こす．

2. 症状として，眼窩骨折の場合には，上下視や側方視で＿＿＿＿＿＿＿＿＿＿＿＿．

3 鼻

STEP 2

問 1 鼻出血に対する治療について，簡潔に述べましょう． ▶❸ p.184

問 2 スポーツにおける顔面骨骨折の中で，鼻骨骨折，鼻中隔骨折が最も多く見られますが，その症状について，簡潔に述べてみましょう． ▶❸ p.186

4 耳

STEP 1

問 1 中耳の損傷について，以下の＿＿＿＿に適切な語句を入れてみましょう． ▶❸ p.189

1. 物理的外力により＿＿＿＿が穿孔すると，外耳道の常在菌により容易に＿＿＿＿を引き起こす．

2. 症状としては，耳介を引っ張ると痛む，発熱，＿＿＿＿などがある．

STEP 2

問 1 スポーツによる内耳損傷を起こしやすいスポーツをあげてみましょう． ▶❸ p.189

-
-
-
-
-

など

5 歯

STEP 2

問 1 歯の完全脱臼した（歯が抜けてしまった）ときの対応について，簡潔にまとめてみましょう．
▶❸ p.193

問 2 マウスガードの効果について，4項目にまとめてみましょう． ▶❸ p.195

G 年齢・性別による特徴

1 女性に特徴的なスポーツ外傷・障害

STEP 1

問 1　女性の骨格の特徴について，以下の＿＿＿＿に適切な語句を入れてみましょう． ▶❸ p.199

1. 女性の＿＿＿＿は横に幅広く，そのため＿＿＿＿の位置が相対的に中心から遠い位置になる．

2. 膝では＿＿＿＿筋と＿＿＿＿腱の長軸がなす角である＿＿＿＿は男性より大きく，肘の＿＿＿＿角度も男性よりも大きい．

STEP 2

問 1　女性ホルモンと女性のけがやスポーツ障害との関係について，簡潔に述べてみましょう． ▶❸ p.200

問 2　女性に多いと考えられるスポーツ外傷・障害を3つ以上あげ，女性特有の要因との関係を説明してみましょう． ▶❸ p.200-203

- ・　　　：
- ・　　　：
- ・　　　：
- ・　　　：
- ・　　　：

・	：

・	：

・	：

問3　肩，肘，膝，足で女性に好発するスポーツ外傷・障害をあげてみましょう． ▶❸ p.200-203

肩　[　　　　　　　　　　　　　　]

肘　[　　　　　　　　　　　　　　]

膝　[　　　　　　　　　　　　　　]

足　[　　　　　　　　　　　　　　]

2 成長期に特徴的なスポーツ外傷・障害

STEP 1

問1　成長期の運動器の特徴について，以下の_____に適切な語句を入れてみましょう． ▶❸ p.204

1. 成長期の骨格には_____が存在し，活発な骨形成が行われ，骨の_____の成長が起こっている．_____は_____組織であり，繰り返す負荷によって損傷を受けたものを_____と呼ぶ．

2. 成長期は骨の_____の活発な成長の結果，_____の相対的な短縮により_____の低下が発生し，動きが堅くなるばかりでなく，_____のリスクも高くなる．

問2　身長増加，骨量増加，筋量増加のピークはどのような順番でしょうか．訪れる順に並べてみましょう． ▶❸ p.204

[　　　　　　] → [　　　　　　] → [　　　　　　]

問3 野球肘について，以下の_____に適切な語句を入れてみましょう．▶❸ p.205

1. 投動作時には肘に_____負荷が加わり，内側では_____負荷が，外側では_____負荷が生じる．内側では_____の開大や裂離が，外側では_____の遊離や_____の変形や壊死が生じる．

STEP 2

問1 成長期の骨格に骨端症が発生するメカニズムについて，簡単に説明してみましょう．▶❸ p.204

問2 成長期特有のスポーツ外傷・障害を7つ以上あげてみましょう．▶❸ p.204-208

など

問3 成長期に過剰骨による障害が起こりやすいメカニズムについて，簡潔に説明してみましょう．▶❸ p.207-208

3 高齢者に特徴的なスポーツ外傷・障害

STEP 2

問 1 高齢者の運動器の特徴について，簡単に説明してみましょう． ▶❸ p.209

-
-
-
-
-

問 2 高齢者の骨粗鬆症で骨折の発生しやすい部位をあげてみましょう． ▶❸ p.209-210

-
-
-
-

H スポーツ整形外科的メディカルチェック

STEP 2

問 1 整形外科的メディカルチェックの目的について，簡潔に説明してみましょう． ▶❸ p.213

問 2 新人選手に対する整形外科的メディカルチェックに必要な項目をあげてみましょう． ▶❸ p.213

- ・
- ・
- ・
- ・
- ・ など

問 3 整形外科的メディカルチェックにおける下肢アライメントとして検討する項目をあげてみましょう． ▶❸ p.214

- ・
- ・
- ・
- ・
- ・
- ・
- ・
- ・
- ・

問 4 全身関節弛緩性テストで評価する部位をあげてみましょう． ▶❸ p.214

- ・
- ・
- ・
- ・
- ・
- ・
- ・

問 5 タイトネステストとして評価する代表的な項目を3つあげてみましょう． ▶❸ p.214-215

- ・
- ・
- ・ など

問6
メディカルチェックを行った後，その結果をどのようにまとめ，活用すべきか，簡単に述べてみましょう． ▶❸ p.214-215

-
-
-

問7
高身長のバスケットボール選手の整形外科的メディカルチェックを行う場合，追加チェックする事項を説明してみましょう． ▶❸ p.218

解答編

A 総論

1. 運動器の解剖と機能概論

STEP 1
問1
1. 200　短骨　扁平骨，2. 両端　中央部　骨端　骨幹　骨端　関節軟骨，3. 関節軟骨　骨膜（外骨膜）　骨膜　横径　骨折，4.（リモデリング）5　骨芽細胞　破骨細胞，5. 軟骨組織　膜性骨化

問2
①関節包，②滑膜，③関節腔，④関節円板

問3
①可動関節，②軟骨性関節，③滑膜関節，④縫合，⑤靱帯結合，⑥線維軟骨結合，など ⑦蝶番関節，⑧車軸関節，⑨鞍関節，⑩球関節，など

問4
1. 0.5　5　硝子軟骨　血管　骨組織　変形　分散，2. 水分　コラーゲン　グリコサミノグリカン，3. 関節唇　半月板　適合性　分散

問5
①筋外膜，②筋線維束，③筋線維（筋細胞），④筋原線維，⑤アクチン

問6
① Type Ⅱa 酸化型，②高い，③速い，④速い，⑤低い，⑥高い，⑦多い，⑧多い，⑨少ない，⑩中間，⑪多い，⑫高い，⑬中間，⑭多い，⑮多い，⑯中，⑰大

問7
①紡錘状筋，②羽状筋，③二頭筋，④半羽状筋，⑤鋸筋

問8
①筋紡錘，②腱器官，③α運動ニューロン，④γ運動ニューロン，⑤Ia群求心性線維，⑥Ib群求心性線維

問9
1. 反射中枢　骨格筋の収縮　反射弓，2. 全身性　伸張　屈筋，3. 立ち直り

問10
①後頭野，②後頭連合野，③側頭連合野，④前頭連合野，⑤運動前野，運動補足野，⑥一次運動野，⑦脊髄，⑧筋肉

STEP 2
問1
①矢状，②前額，③屈曲，④伸展，⑤前額，⑥矢状，⑦外転，⑧内転，⑨水平，⑩垂直，⑪外旋，⑫内旋

問2
・身体の形を支持し，脳や脊髄，心臓や肺などの重要な臓器を保護している　・筋や腱に起始や停止部位を与えている　・体内のカルシウムの貯蔵庫として，血液中のカルシウム濃度を一定の範囲に保つために溶かされ利用される　・内部に骨髄組織を含み，血液系の細胞を生み出す場所を提供している　・隣接する骨との間は，靱帯や関節包などで連結され，骨格として機能している

問3
・靱帯は主にコラーゲン組織からなる密で一様な結合支持組織である　・組織学的には腱と似た構造を持ち，一定方向に配列したコラーゲン線維の間に細長い線維（芽）細胞が散在する　・靱帯が骨に付着する部位は，骨膜に付着する様式と骨に直接付着する様式の2種類がある　・隣接する骨を連結し，関節での支持性と安定性を与えると同時に，関節の屈曲伸展，内外転，内外旋を誘導する働きを有する

問4
α運動ニューロンの信号は，神経筋接合部でT管を興奮させ，筋小胞体からCa^{2+}を放出させる．Ca^{2+}がアクチンフィラメント表面に結合すると，そこにミオシンフィラメントの頭部が接合する．ミオシンフィラメントでATPがADPとPiに加水分解されてエネルギーが放出されるとミオシンフィラメントの頭部が屈曲し，2種類のフィラメント間で滑走が生じる

問5
①主動筋，②筋収縮によって関節が運動するとき，その関節運動に作用する主な筋，③ある関節運動を引き起こすとき，主動筋とともにその関節運動に参加する筋，④固定筋，⑤拮抗筋，⑥主動筋の逆の働きをする筋

B 体幹

1. 体幹の基礎解剖と運動

STEP 1
問1
1. 7　12　5，2. 支持　運動　神経組織

問2
1. 前弯　後弯　前弯，2. 腰椎　胸椎　腰椎

問3
①椎間板，②椎間関節

問4
①線維輪，②髄核，③椎間孔

問5
1. 骨棘　椎間関節，2. 脊柱管狭窄症

問6
1. 水分含有量，2. 椎間板ヘルニア，3. 椎間関節

問7
1. 仙骨傾斜角，2. 前傾　増大，3. 後傾　減少

問8
①棘突起，②椎弓，③下関節突起，④横突起，⑤椎弓根，⑥椎体，⑦上関節突起

STEP 2
問1
上位頚椎
回旋可動性に富む
下位頚椎
屈曲・伸展可動性に富む
胸椎
回旋可動性を持つ
胸腰移行部
屈曲・伸展可動性を持つ
腰椎
回旋可動性に乏しく，屈曲・伸展可動性に富む

2. 体幹のスポーツ外傷・障害

STEP 1
問1
1. 神経根　脊柱管狭窄，2. 脊柱管狭窄

問2
1. 髄核　線維輪，2. 神経根，3. 脊髄　脊髄

問3
①線維輪，②髄核，③神経根，④脊髄，⑤ヘルニア

問4
①膨隆，②脱出，③遊離

問5
1. 第6頚椎神経根，2. 第5腰椎神経根

問6
①脊髄，②椎間板ヘルニア，③椎間板

問7
1. 中枢　予防，2. 水中への飛び込み，3. ルール

問8
①歯突起骨折，② tear drop 骨折，③ C4/5 脱臼

問9
1. 頚髄　頚髄症，2. しびれ，3. 頚髄

問10
1. 前屈，2. 前屈　指尖床間距離

問11
1. 坐骨　SLR，2. 大腿　FNS

問12
1. 長母指伸筋　足背，2. 長短腓骨筋　長母指屈筋　足部外側　足底　アキレス腱，3. 前脛骨筋　下腿内側　膝蓋腱

問13
1. 発育　関節突起間部，2. 斜位　CT，3. 前屈　後屈

STEP 2
問1
胸腰移行部は屈曲・伸展可動性を持ち，衝撃を受ける際に外力が集中しやすい

問2
水中への飛び込み方法，ラグビーのスクラム姿勢，アメリカンフットボールのスピアリングタックルを具体的に示す

問3
新性髄核が線維輪を穿破し，脊椎管内に突出し，神経の刺激症状，圧迫症状を呈したもの

問4
繰り返されるスポーツ動作，特に腰椎の伸展，回旋動作によって，椎弓の関節突起間部に疲労骨折が生じたもの

問5
筋・筋膜の内圧上昇，微細損傷，骨付着部の炎症によって生じる．障害部位に圧痛を有する

C 上肢

1. 上肢の基礎解剖と運動

STEP 1
問1
1. 肩甲骨　鎖骨　自由上肢骨，2. 鎖骨　体

幹，3．肩甲上腕関節　肩鎖関節　胸鎖関節，4．肩峰下滑液包　肩甲胸郭関節，5．腕橈関節　腕尺関節　近位橈尺関節，6．屈曲回内筋群　内側（尺側）側副靱帯，7．掌側　橈骨茎状突起，8．鞍関節　対立運動，9．橈骨神経　正中神経　尺骨神経
|問2
①関節唇，②棘下筋，③小円筋，④棘上筋，⑤上腕二頭筋長頭腱，⑥MGHL（中関節上腕靱帯），⑦AIGHL（前下関節上腕靱帯）
|問3
①外顆核，②内側上顆核，③滑車核
|問4
①豆状骨，②月状骨，③有頭骨，④舟状骨結節，⑤橈骨

STEP 2
|問1
肩甲骨と上腕をつなぐ筋として，上腕骨大結節に付着する棘上筋・棘下筋・小円筋および小結節に付着する肩甲下筋があり，これらを総称して腱板と呼ぶ
|問2
静的安定化機構として関節内圧の陰圧化および関節上腕靱帯も含めた関節包，動的安定化機構として腱板筋群と上腕二頭筋長頭腱がある
|問3
肩甲胸郭関節は，主として肩甲骨と体幹の筋群の共同作用により安定性を得ている極めて機能的な関節である．腱板筋群はすべて肩甲骨より起こっているため，肩甲胸郭関節機能と腱板機能は密接に関連している
|問4
上肢を基本肢位でみると上腕に対し前腕はやや外反しており，この角度をキャリングアングル（外偏角）と呼び，上腕骨軸と尺骨軸のなす角を表す．男性では 10～14°，女性では 13～16°とされている
|問5
内側側副靱帯は最も強固な前斜走線維（AOL），伸展性に富む後斜走線維（POL），さらに横走線維の3つの靱帯より構成されており，肘外反ストレスに対する最も強固な支持機構である
|問6
静的構成体
・橈骨　・尺骨　・尺側手根骨（月状骨，三角骨）・三角線維骨複合体（TFCC），など
動的構成体
・尺側手根伸筋腱　・尺側手根屈筋腱　・方形回内筋，など
|問7
・遠位橈尺関節の安定性　・尺側手根骨の支持機構　・尺側手根骨間のクッション，など

2．上肢のスポーツ外傷・障害

STEP 1
|問1
1．90　80　低下，2．外転外旋位　過屈曲　後方，3．棘上筋　棘下筋　退行変性，4．肩鎖靱帯　烏口鎖骨靱帯　Ⅲ，5．中学校　靱帯変性　慢性，6．回外伸筋　屈曲回内筋　テニス，7．成長期　上腕骨小頭部　外反ストレス　回旋ストレス，8．変形性肘関節症　疼痛　関節水腫，9．尺骨神経　肘部管症候群　変形性肘関節症　尺骨神経脱臼，10．第6コンパートメント　掌尺側　回外，11．背側凸　掌側凸　癒着，12．背側脱臼　掌側脱臼　中節骨基部掌側　背側，13．月状骨　無腐性壊死
|問2
① Colles 骨折，②掌側 Barton 骨折

STEP 2
|問1
・関節窩前方部の関節唇の剥離（Bankart病変）・上腕骨頭後上方部の骨軟骨欠損または陥凹（Hill-Sachs 病変）
|問2
・前方 apprehension test　・前方引き出しテスト　・下方引き出しテスト　・relocation test
|問3
臥位で肩甲骨を固定した状態で90°外転外旋位とし不安感をみるテストで，不安定感が出現する場合を陽性とする
|問4
初回脱臼の場合は保存療法が原則となるが，反復性脱臼・亜脱臼の場合は，手術をしなければ完治は望めない
|問5
・Neer や Hawkins のインピンジメントテスト　・外転抵抗テスト　・painful arc の存在
|問6
・烏口鎖骨靱帯の損傷を伴わないもの（Ⅰ型）・烏口鎖骨靱帯の部分断裂（Ⅱ型）・烏口鎖骨靱帯の完全断裂（Ⅲ型）
|問7
・鎖骨遠位端を上方から押すと整復される piano key sign　・水平屈曲（horizontal adduction compression test）や外転強制（high arc test）にて疼痛の誘発
|問8
病態
投球動作におけるスムースな運動連鎖の破綻により肩甲上腕関節に過剰な負担がかかった状態で，具体的には股関節などの下肢機能障害や胸郭・骨盤帯などの体幹機能障害に，肩甲帯機能障害や腱板機能障害が加わっている
器質的損傷
・棘上筋・棘下筋の移行部付近の腱板関節面断裂　・上方関節唇剥離（SLAP 病変），など
|問9
肘関節をやや屈曲位で上腕骨と前腕骨を保持して外反ストレスをかける．靱帯損傷が存在すれば，肘関節の内側が開大し，疼痛をきたす
|問10
腕橈関節または後方腕尺関節において，正常でも存在する滑膜ひだが，肘関節屈曲伸展時に陥入し，疼痛・腫脹の原因となる病態
|問11
単純X線像にて，透亮期，分離期，遊離期に分類する．病期が進行すると肘関節屈曲伸展制限や関節遊離体（ネズミ）によるロッキングを生じる
|問12
症状は進行性であり，筋萎縮を生じると回復が困難であるため，競技者では早期の対処が必要である．保存療法が原則であるが，スポーツの再開により再発をきたす場合もあり，麻痺が進行する場合は手術療法の適応である
|問13
尺側部痛
・TFCC 損傷（尺骨突き上げ症候群）・遠位橈尺関節脱臼・不安定症　・尺側手根伸筋腱脱臼，など
中央部痛
・キーンベック病　・手根不安定症　・ガングリオン，など
橈側部痛
・de Quervain 病，など
|問14
手関節を構成している手根骨をつなぐ靱帯が外傷後に断裂，弛緩し手根骨の解剖学的配列が崩れ，症状が出現した状態である．舟状骨・月状骨間の不安定症，月状骨・三角骨間の不安定症などがある
|問15
疼痛が手関節尺側部に限局し，触診上，圧痛点が手関節尺側部の TFCC に一致する．また前腕を回内外したときに疼痛が誘発される．画像診断としては，手関節造影検査にて，造影剤が TFCC 損傷部から遠位橈尺関節へ漏れて写り，MRI では損傷部が高輝度で描出される
|問16
凸変形がないかどうかチェックし，加えて回旋転位や短縮転位による指のローテーションに注意する．指屈曲時に指尖（爪の方向）が舟状骨の方向に向かっているかどうかを確認する
|問17
・長母指伸筋腱　・短母指伸筋腱　・橈骨茎状突起　・第1中手骨基部に囲まれた手関節橈側の陥凹部

D　下肢

1．下肢の基礎解剖と運動

STEP 1
|問1
①上前腸骨棘，②大転子，③下前腸骨棘，④恥骨結合，⑤鼠径靱帯，⑥縫工筋，⑦長内転筋，⑧スカルパ三角
|問2
①縫工筋，②大腿直筋，③長内転筋，④大腿筋膜張筋，⑤大殿筋，⑥半膜様筋
|問3
①前十字靱帯，②後十字靱帯，③内側側副靱帯，④外側側副靱帯，⑤脛骨外側顆，⑥脛骨内側顆，⑦顆間隆起
|問4
①前十字靱帯，②後十字靱帯，③内側側副靱帯，④外側側副靱帯，⑤内側半月（板），⑥外側半月（板），⑦膝窩筋腱
|問5
①前十字靱帯，②後十字靱帯，③内側側副靱帯，④前十字靱帯，⑤後外側構成体，⑥前十字靱帯，⑦内側側副靱帯，⑧前十字靱帯

|問6
①内側広筋，②腓腹筋内側頭，③内側側副靱帯，④半膜様筋，⑤半腱様筋，⑥薄筋，⑦鵞足
|問7
①大腿筋膜張筋，②縫工筋，③大腿直筋，④外側広筋，⑤内側広筋，⑥薄筋，⑦腸脛靱帯，⑧大殿筋，⑨大腿二頭筋，⑩半腱様筋，⑪半膜様筋
|問8
①後下脛腓靱帯，②後距腓靱帯，③踵腓靱帯，④前下脛腓靱帯，⑤前距腓靱帯，⑥二分靱帯，⑦三角靱帯，⑧底側踵舟靱帯（ばね靱帯）
|問9
①脛骨，②背屈，③内返し，④深腓骨，⑤底屈，⑥内返し，⑦脛骨，⑧底屈，⑨外返し，⑩浅腓骨，⑪深腓骨，⑫脛骨
|問10
①内反（踵骨内反），②外反（踵骨外反），③尖足，④踵足（鉤足），⑤外反母趾，⑥内転足，⑦外転足，⑧扁平足，⑨凹足，⑩開張足

2．下肢のスポーツ外傷・障害

▶STEP 1
|問1
①裂離骨折，②疲労骨折，③筋腱付着部，④滑液包炎，⑤鼠径部痛，⑥腰痛疾患，⑦感染症
|問2
①上前腸骨棘，②下前腸骨棘，③坐骨結節，④大腿骨頸部，⑤恥骨
原因となる筋
①縫工筋，②大腿直筋，③ハムストリングス
|問3
①膝蓋骨脱臼，② Osgood，③分裂膝蓋骨，④膝蓋腱炎，⑤棚障害，⑥平泳ぎ，⑦腸脛靱帯炎，⑧膝蓋下脂肪体炎
|問4
①分裂膝蓋骨，②膝蓋軟骨障害，③腸脛靱帯炎，④半月（板）損傷，⑤大腿四頭筋腱炎，⑥棚障害，⑦膝蓋下脂肪体炎，⑧膝蓋腱炎，⑨Osgood病
|問5
①脛骨内果（側顆），②脛骨骨幹（部）近位（疾走型 type A），③脛骨跳躍型，④脛骨骨幹部遠位（疾走型 type B），⑤足関節（脛骨）内果，⑥腓骨近位跳躍型，⑦腓骨遠位疾走型

▶STEP 2
|問1
筋挫傷（筋打撲傷）との違い
肉離れは，打撲などの直達外力による「筋挫傷」（筋打撲傷）とは異なり，自らの筋力（拮抗筋の力）または介達外力によって，抵抗下に筋が過伸展されて発症するものである
起こりやすい筋の形状
羽状筋
筋収縮の種類
遠心性収縮
筋内での好発部位
筋腱移行部（または筋と腱膜の移行部）

|問2
大腿四頭筋の肉離れ
起こりやすい筋
大腿直筋
受傷しやすい肢位
股関節伸展位で膝が屈曲位のとき
症状
大腿前方の痛み，腫脹，皮下出血，硬結および膝屈曲制限．完全断裂の場合は，直後に欠損を触れることが多い．また腹臥位にて膝関節の屈曲角度（大腿四頭筋のタイトネステスト）をみると，軽度の伸展損傷では，膝は90°以上屈曲し，中等度では90°以下，重度では45°以下に膝の屈曲角度が制限される．中等度以上では，大腿直筋の痛みのために股関節が屈曲してくる「尻上がり現象」がみられる
ハムストリングスの肉離れ
起こりやすい筋
大腿二頭筋長頭
受傷しやすい肢位
股関節屈曲および膝関節伸展位のとき
症状
大腿後方の痛み，腫脹，皮下出血，硬結および伸展時痛．Ⅲ度（重症：完全断裂）に近づくほど欠損部を触れるようになる．また腹臥位での膝関節伸展は，Ⅲ度では完全に伸ばせない．仰臥位における下肢の挙上角度（ハムストリングスのタイトネステスト）は，軽症ほど健側との差は少ない
|問3
特徴的な他覚的症状
打撲部の腫脹が強いと，疼痛が強いばかりか，筋内の出血や腫脹により，筋内圧が上昇し，皮膚の緊張も強まり光沢をみることがある．膝関節には著明な屈曲制限が起こる
受傷時の固定法
出血を最小限にとどめるため，可及的に損傷筋を伸展させる肢位，つまり膝関節をできるだけ屈曲位とし，血腫の形成を抑制する
合併症
まれに筋内圧が過度に上昇して，急性の筋区画症候群（コンパートメント症候群）を合併することがある．また慢性化すると，骨化性筋炎が合併することもある
|問4
受傷機転
コンタクトスポーツで外力が直接膝関節に加わり断裂する場合（接触型）と，直接外力は加わらず，大腿四頭筋が急激に収縮する動作や膝に捻りが加わる動作により断裂する場合（非接触型）とがある
症状
受傷直後には腫脹や疼痛を認めないことが多いが，時間とともに腫脹や疼痛が出現してくる．このため関節可動域が制限され，疼痛のため歩行できないことが多い．しだいに歩行できるようになり，通常1ヵ月程度で普通の生活に戻るが，半月板損傷の合併による嵌頓や，陳旧例では膝崩れを起こすこともある
徒手検査法
・Lachman test　・前方引き出しテスト
・N-test
治療の流れ
・受傷直後は疼痛や腫脹を軽減する目的でRICE療法などの応急処置を行う．場合に

よって装具を装着することもある．1～2週経過後から疼痛の軽減に合わせて歩行や関節可動域訓練を行う．関節可動域が正常となり跛行もなくなった時点で，前方不安定性の程度，合併半月板損傷の有無，競技者のニーズなどを考慮に入れ，治療法を決定する
・前方不安定性が残存する場合には外科的治療（靱帯再建術）を選択することが多い．スポーツ愛好家や手術療法を希望しない競技者に対しては保存的治療も選択される
|問5
受傷機転
フットボールや柔道などのコンタクトスポーツで生じることがほとんどで，膝70～90°屈曲位で膝前面を打撲するような動作で受傷する
症状
受傷直後には膝前面を打撲した後と思われる膝蓋骨や脛骨の前面に擦過傷がある場合もある．膝関節は腫脹し，関節可動域が制限され，疼痛のため歩行できないこともあるが，経過とともに歩行できるようになる．単独損傷では陳旧例で膝崩れを繰り返すことは少なく，無症状の場合もある．膝関節後方の漠然とした疼痛，「トップスピードに入れない」「力が入らない」などの症状を訴える場合もある．sagging 徴候が陽性となる
徒手検査法
後方引き出しテスト
治療の流れ
・受傷直後は疼痛や腫脹を軽減する目的でRICE療法などの応急処置を行う．症例によっては PCL 装具を用いることもある．疼痛の軽減に合わせて関節可動域，筋力増強，動作訓練へと進めていく
・後方不安定性が残存しても，不安定感を訴えることは少ないため，保存療法が第一選択となるが，不安定性が強い症例や軟骨損傷や半月板損傷が合併している症例では，外科的治療（靱帯再建術）の対象となる
|問6
受傷機転
膝に大きな外反力が加わった際に損傷するが，完全断裂の場合には，ACL や PCL 損傷を合併することも多い．外反力が加わらなくても，ジャンプ着地時に ACL が損傷した際に外反が加わり，MCL 損傷を合併することもある
症状
受傷直後には，損傷部での圧痛，あるいはMCL に沿った圧痛が特徴的であるが，重傷度により臨床症状は多彩である．Ⅰ度損傷では，不安定感や関節可動域制限も少ないが，Ⅱ，Ⅲ度損傷では，内側の不安定感を訴え，疼痛のため関節可動域制限もある
徒手検査法
伸展位と軽度屈曲位での外反ストレステスト
治療の流れ
・受傷直後：疼痛や腫脹を軽減する目的でRICE療法などの応急処置を行う
・Ⅰ度，Ⅱ度：不安定感や疼痛を訴える場合には，1～2週間テーピングや支柱付きの装具を装着することもある．疼痛がある間は，関節可動域訓練や歩行訓練を主として行い，疼痛の軽減に合わせて筋力増強訓練やトレーニングを開始する

・Ⅲ度：疼痛が強い場合には1週間程度のシーネ固定を行う．外反ストレスが加わらない膝装具を約1ヵ月装着し，可動域制限はせず，歩行も許可する．疼痛のコントロールを行いながら，過度の外反ストレスが加わらないように，大腿四頭筋の筋力増強訓練を中心に行う．外反動揺性が改善され，痛みも消失してくれば，スポーツ復帰に向けた運動療法を開始する．受傷後3ヵ月はコンタクト動作をしないように指導する

・MCL単独損傷：外科的治療の対象となることはないが，ACLやPCLに合併する場合には新鮮例でも修復術（縫合）をすることもある．繰り返す外反ストレスにより内側の不安定性が残存する陳旧例には，靱帯再建術が選択される

|問7
受傷機転
半月板損傷の原因としては，①外傷（軽微なものも含む），②先天的な形状，③加齢変化があげられる．外傷では単独損傷と，靱帯断裂（特にACL損傷）に合併する場合がある．日本人に比較的多い外側円板状半月板は損傷しやすい．また，中高年の競技者では，加齢による半月板の変性があり，軽微な外傷でも損傷しやすくなる
症状
通常は膝関節の疼痛で，関節可動域の制限，膝関節水腫，大腿部の筋萎縮を呈することもある．引っかかり感や不安定感を訴えることもあり，バケツ柄状断裂では，膝が完全に伸ばせなくなる，嵌頓（locking）を呈するようになる
徒手検査法
・McMurray test　・膝伸展テスト，など
治療の流れ
以前は切除術が広く行われてきたが，半月板機能の重要性や切除後の関節軟骨への障害が危惧され，近年ではできるだけ半月板の機能を温存することが治療の原則となっている．治療方法としては，大きく保存的治療と外科的治療とに分かれ，①半月板の損傷部位（治癒しやすい場所かどうか），②臨床症状，③合併症（靱帯損傷の有無），④断裂の仕方，⑤スポーツレベルなどが考慮されながら方法が選択される

|問8
名称
Thompson's squeeze test
手技
患者を腹臥位とし，足関節以下をベッドの端から出し，下腿三頭筋・筋腹を把持すると足関節が底屈する状態をみるが，アキレス腱の断裂があれば反応しない．また患者を腹臥位とし，膝関節を90°屈曲させると，健側は下腿三頭筋の緊張で底屈するが，アキレス腱の断裂があれば中間位くらいになり，患部に陥凹を触れる

|問9
Ⅰ度
前距腓靱帯の伸張あるいは部分断裂
Ⅱ度
前距腓靱帯の完全断裂
Ⅲ度
前距腓靱帯および踵腓靱帯の断裂．後距腓靱帯の短線維にも断裂が及ぶことがある

|問10
足のアーチには縦アーチと横アーチがあり，このアーチが低下した状態を扁平足といい，これに伴う諸症状を扁平足障害と呼ぶ．通常，扁平足というと縦アーチが低下した縦軸扁平足のことをさす場合が多く，後足部は外反しており，外反扁平足の形態を示す．また，腓骨筋腱の過緊張による腓骨筋痙直型扁平足もあり，その原因として足部の捻挫後の距骨下関節への刺激や，足根骨癒合症などがあげられる

|問11
以下の中から2つ答える
踵骨疲労骨折
①陸上競技，②1～2ヵ月間，原因となったスポーツ活動を休止することで予後はよい
舟状骨疲労骨折
①陸上競技，②転位がなく新鮮例と思われるものは保存治療が行われる．スポーツ活動の中断のみでは骨癒合が得られない場合が多いためギプス固定や免荷を行う．骨癒合には2ヵ月近くを要する．遷延治癒例，偽関節例，転位例では手術療法を選択する
（第2～4）中足骨疲労骨折（行軍骨折）
①陸上競技，②2～3週間の運動休止で快方に向かうことが多いが，回復には1～2ヵ月を要する．免荷の必要はなく，足底板を用いると疼痛の消失が早い
Jones骨折（第5中足骨疲労骨折）
①サッカー，② Type 1, 2は保存治療，Type 3は手術治療が適応である．ハイレベル競技者や再発例では，Type 2でも手術を行うことが望ましい．保存治療は，6週間程度の免荷を行い，競技復帰は3ヵ月後を目安とする
基節骨疲労骨折
①陸上競技（外反母趾のある選手），②運動の休止で治癒する．転位がみられ，X線経過で仮骨形成に乏しい場合には手術を行う

|問12
外脛骨：1
①疼痛性外脛骨症，有痛性外脛骨，②外脛骨は舟状骨内側後方に後脛骨筋が付着する部位に存在し，それ自体は病的といえないが，慢性的運動負荷や外傷を契機として発症する
三角骨：2
①有痛性三角骨，三角骨症候群，②足関節底屈強制により三角骨が脛骨後果と踵骨後隆起に挟まれ，その結果，足関節の後方に疼痛が発生する

|問13
・衝突性外骨腫：前距腓靱帯損傷が慢性化すると，距骨が足関節果部から回旋しながら亜脱臼を繰り返し，脛骨下端前方と距骨頭部の境界付近に生じる外骨腫である　・距骨離断性骨軟骨炎：距骨滑車において軟骨もしくは骨軟骨の局所的な離断が生じて疼痛を引き起こすものである，など

|問14
・リスフラン靱帯損傷：第1楔状骨と第2中足骨を結ぶリスフラン靱帯の損傷で，非常に強い疼痛を訴え，重症感が強い　・腓骨筋腱脱臼：腓骨筋腱が腱鞘から逸脱して外果に乗り上げた状態である．足関節背屈で強く腓骨筋が作用した際に生じる．スキーブーツ内で発症することもある，など

|問15
踵骨
①踵骨骨端症，シーバー（Sever）病，②学童期にみられる
舟状骨
①第1ケーラー病，②3～7歳の男児に多い
第2中足骨
①第2ケーラー病（フライバーグ病），②10～18歳の女性に多い

E　重篤な外傷

1. 頭蓋骨骨折

▶ STEP 1
|問1
1．くも膜　脳脊髄液
|問2
・線状骨折　・陥没骨折
|問3
1．頭蓋内圧亢進状態　頭痛　嘔吐，2．意識　脳幹　脳ヘルニア

▶ STEP 2
|問1
血管に富んでおり出血しやすい．また，直下に頭蓋骨があるため，外力で切創などが起こりやすい
|問2
流水などで洗浄後に圧迫止血を行う
|問3
硬膜上の損傷した動脈や，骨折の断端からの出血が硬膜外にたまり，急性硬膜外血腫を形成することがある
|問4
頭蓋内出血などの併発を念頭におき，休息をとらせて，自覚症状である頭痛などに注意を払い，少しでも疑わしい場合は，病院へ搬送する

2. 脳損傷

▶ STEP 1
|問1
・局所性脳損傷　・びまん性脳損傷
|問2
1．橋静脈　架橋静脈　脳組織
|問3
・頭痛　・嘔吐　・悪心，など

▶ STEP 2
|問1
・直達外力による損傷　・頭部への急激な加速度の負荷により，脳組織と頭蓋骨の間に位相のずれを起こして，脳が損傷する場合
|問2
必ずしも意識障害を生じるような強い外傷でなくても起こる

3. 脳振とう

▶ STEP 1

問1
1. 機能障害, 2. 意識がなくなる　健忘

問2
・ボクシング　・アメリカンフットボール
・サッカー　・スノーボード　・アイスホッケー，など

問3
second impact 症候群

▶ STEP 2

問1
いったん試合や練習から離脱させる．また，無理に歩かせない．頚の位置も自然な位置のまま，3～4人で担架に乗せる

問2
・脳振とう後の second impact 症候群
・脳振とうの繰り返し

問3
脳が萎縮してきて，慢性的な認知障害などを起こす．また，パーキンソン症候群のようになることもある

4. 脊髄損傷

▶ STEP 1

問1
1. 脳組織　脳　脳組織の延長

問2
・手足の麻痺　・感覚障害（焼けつくような手のひらの痛み）　・膀胱直腸障害，など

▶ STEP 2

問1
頭を支える頚椎の急激な運動あるいは外力により，頚椎の連続性に破綻をきたし，中にある脊髄組織そのものに急激な外力が加わり，脊髄の解剖学的構築が破壊された状態

問2
無理に頚部を動かさず，安静を保つべきで，頚椎の自然な並び方である軽度の前弯を保つようにする．ソフトカラーなどがあれば最適である

5. 胸腹部外傷

▶ STEP 1

問1
1. 肺　空気　肺　肋間動脈, 2. 胸痛　呼吸困難

▶ STEP 2

問1
体動や呼吸，咳嗽時に増強する疼痛と圧痛

問2
心臓の真上への比較的弱い衝撃により致死的不整脈が発生すること．救命のためには電気的除細動（AED）が唯一の治療法である

6. 大出血

▶ STEP 1

問1
1. 血圧　酸素, 2. 7　8　20　出血性ショック　30, 3. 脳　心臓　両足　枕　頭

▶ STEP 2

問1
・直接圧迫法　・止血帯法　・間接圧迫法

F　その他の外傷

1. 顔面

▶ STEP 1

問1
1. 顔面骨骨折, 2. 脳　骨折　副鼻腔　眼窩下壁・内壁

▶ STEP 2

問1
現場では流水で傷の中の異物などを洗い流し，出血に対しては圧迫止血を行う．出血点より中枢の血管（心臓側）を圧迫するとよい

2. 目

▶ STEP 1

問1
1. 吹き抜け骨折　眼球損傷, 2. 二重に見える

3. 鼻

▶ STEP 2

問1
頭を前方に傾け，直接鼻翼を指ではさんで5～10分圧迫したり，冷却したり，鼻前庭部に綿球を詰めることなどを行う

問2
鼻出血は多く，さらに，鞍鼻，斜鼻があれば診断は容易であるが，時間がたつと腫れのためによくわからなくなる

4. 耳

▶ STEP 1

問1
1. 鼓膜　中耳炎, 2. 難聴

▶ STEP 2

問1
・スカイダイビング　・パラグライダー
・高飛び込み　・潜水　・登山，など

5. 歯

▶ STEP 2

問1
抜けた歯を湿らせた清潔な状態に保ち，迅速に，歯科医院を受診する．通常，抜けた歯のまわりには軟組織が付着しているが，その組織は歯根膜であり，再植後に再生する可能性が期待されるので，決して拭き取ったりしてはならない

問2
・口唇・舌の損傷が減少　・歯牙の外傷が減少　・結果として，時間と治療費が節約できる　・下顎骨骨折，脳振とうに対する効果も期待されている

G　年齢・性別による特徴

1. 女性に特徴的なスポーツ外傷・障害

▶ STEP 1

問1
1. 骨盤　股関節, 2. 大腿四頭　膝蓋　Q-angle　外反

▶ STEP 2

問1
性周期が確立した女性ではエストロゲンやプロゲステロンなどのホルモンの周期的な変化があり，その結果排卵や月経が起こる．エストロゲンは関節弛緩性と関係すると考えられ，思春期以降の外反母趾が増加，性周期と靱帯損傷の発生時期との関連などが報告されている．50歳前後にはエストロゲンが急速に減少し閉経を迎えるが，これに伴って骨密度の低下が起こり，骨粗鬆症による骨折が起こりやすくなる．若い女性アスリートにおいても，長期間の無月経がみられる場合はエストロゲンが低く，骨密度の低下による疲労骨折が起こりやすくなっている

問2
・胸郭出口症候群：なで肩の体型に多く，上肢に向かう動・静脈や腕神経叢が圧迫を受ける　・尺骨神経炎（尺骨神経脱臼）：肘の carrying angle や外反が大きい女性で，尺骨神経が内側上顆上に脱臼することで発生する　・膝蓋大腿関節障害：Q-angle が大きく，関節弛緩性が高い女性では動作中に膝が内側に入りやすいために，膝蓋骨が外側に引っ張られ，膝蓋大腿関節の軟骨損傷が起こりやすい　・肩関節亜脱臼：関節弛緩性の高い女性では overhead 動作で上腕骨頭の亜脱臼が生じやすい　・三角骨（距骨後突起障害）：関節弛緩性が高い女性では，最大底屈を要するダンスや体操などの競技で距骨後突起部（三角骨）が脛骨後果と衝突しやすい　・外反母趾：扁平足の女性では思春期頃より変形が進行しやすい．靴との関係も重要である　・疲労骨折：男性より骨密度が低く，特に無月経を伴う選手では低骨密度の結果骨の強度が低下し，疲労骨折を起こしやすい　・膝前十字靱帯損傷：女性では関節弛緩性が高く，Q-angle が大きく，動作時の膝外反が大きくなりやすいため，前十字靱帯損傷を起こしやすい

問3
肩
肩関節亜脱臼（胸郭出口症候群をあげてもよい）
肘
尺骨神経炎（尺骨神経脱臼）
膝
膝蓋大腿関節障害，前十字靱帯損傷
足
外反母趾，三角骨障害（距骨後突起障害）

2. 成長期に特徴的なスポーツ外傷・障害

STEP 1
問1
1. 骨端線　長さ　骨端線　成長軟骨　骨端症，2. 長さ　筋　柔軟性　骨端症
問2
身長増加→筋量増加→骨量増加
問3
1. 外反　牽引　圧迫　内側上顆骨端線　関節軟骨　骨端核

STEP 2
問1
成長途上の骨格では骨端線が存在し，成長軟骨であるため力学的負荷に対してウィークポイントとなり，繰り返し加わる負荷によって損傷を受ける．骨の長さの成長に対して筋の相対的な短縮も柔軟性を低下させ骨端症のリスクを高くする
問2
・上腕骨近位骨端線離開　・野球肘　・オスグッド病　・シーバー病　・骨端核裂離骨折　・離断性骨軟骨炎　・外脛骨　・分裂膝蓋骨　・分裂種子骨，など
問3
骨の長さの活発な成長の結果，筋の相対的な短縮が起こり，筋のタイトネスが高まるため過剰骨への牽引負荷が高まる

3. 高齢者に特徴的なスポーツ外傷・障害

STEP 2
問1
・加齢に伴いすべての運動器の量や強度が徐々に低下する　・骨では，女性は閉経期に急速に減少し骨折の起こりやすい状態に陥る　・筋量や筋力も低下する　・関節軟骨の変性や磨耗によって関節の障害（変形性関節症）が起こる　・中枢神経系や感覚器の機能低下も加わって，運動器損傷のリスクが高くなる
問2
・橈骨遠位部　・上腕骨頚部　・大腿骨頚部　・脊椎

H スポーツ整形外科的メディカルチェック

STEP 2
問1
運動器がスポーツ活動をするために十分な機能を果たしうるかをチェックし，外傷・障害の予防に役立たせること．トップレベルの競技選手では競技力向上も目的とする
問2
・過去の外傷・障害歴　・スポーツ歴　・アライメント　・関節弛緩性　・タイトネス，など
問3
・脚長差　・股関節前捻角　・O脚-X脚　・膝蓋骨位置（高位）　・反張膝　・脛骨の形状（内反，捻転）　・下腿と踵との関係　・踵と前足部との関係　・足の形
問4
・肩　・肘　・手関節　・脊柱　・股関節　・膝　・足関節
問5
・ハムストリング（SLR）　・大腿四頭筋（尻上がり）　・腰背筋（FFD），など
問6
・メディカルチェックした結果に対して必ず「まとめ」を記入する．問題ありの場合は，問題が発生した理由として考えられることを列挙し，解決の方法を考える　・競技者には内容を説明しトレーニング上のアドバイスをする．さらに詳しい検査が必要な場合は理由を十分に説明する　・チーム全体でも結果をメディカルレポートとしてまとめ，チームスタッフ，アスレティックトレーナーとともにミーティング形式でフィードバックする
問7
男子で180cm以上，女子で170cm以上の選手ではマルファン症候群の疑いを考え，上肢間長，脊柱後側弯，母指徴候，手首徴候，膝徴候などをチェックする．疑いがあれば，眼科検診，心臓エコー検査を行う

検印省略

公認アスレティックトレーナー専門科目テキスト ワークブック
運動器の解剖と
スポーツ外傷・障害の基礎知識

定価（本体2,200円＋税）

2011年 3月26日　第1版　第1刷発行
2024年11月20日　　同　　第8刷発行

監修者	公益財団法人日本スポーツ協会 指導者育成専門委員会 アスレティックトレーナー部会
編集者	福林　徹（ふくばやし　とおる）
発行者	浅井　麻紀
発行所	株式会社 文 光 堂 〒113-0033　東京都文京区本郷7-2-7 TEL（03）3813-5478（営業） 　　（03）3813-5411（編集）

© 公益財団法人日本スポーツ協会・福林　徹, 2011　　印刷・製本：広研印刷

ISBN978-4-8306-5170-0　　　　　　　　　　　　　　Printed in Japan

・本書の複製権，翻訳権・翻案権，上映権，譲渡権，公衆送信権（送信可能化権を含む），二次的著作物の利用に関する原著作者の権利は，株式会社文光堂が保有します．
・本書を無断で複製する行為（コピー，スキャン，デジタルデータ化など）は，私的使用のための複製など著作権法上の限られた例外を除き禁じられています．大学，病院，企業などにおいて，業務上使用する目的で上記の行為を行うことは，使用範囲が内部に限られるものであっても私的使用には該当せず，違法です．また私的使用に該当する場合であっても，代行業者等の第三者に依頼して上記の行為を行うことは違法となります．
・JCOPY〈出版者著作権管理機構 委託出版物〉
本書を複製される場合は，そのつど事前に出版者著作権管理機構（電話03-5244-5088, FAX 03-5244-5089, e-mail：info@jcopy.or.jp）の許諾を得てください．